LE GRAND LIVRE DE L'ASTRONOMIE

AVEC LIENS INTERNET

Remerciements

Pour leur collaboration à la rédaction et à la maquette : Kirsteen Rogers et Karen Webb

Pour ses conseils d'expert pour l'édition française : Sylvestre Maurice de l'Observatoire Midi-Pyrénées

Crédits photographiques :

Stuart Atkinson (78, 79) ; Luke Dodd (59) ; ESA (14-15) ; ESA/PLI (22-23) ; Calvin J. Hamilton (33) ; Jerry Lodriguss (4) ; NASA (6, 9, 11, 14, 20, 20-21, 24, 24-25, 27, 28, 29, 30, 31, 33, 34, 34-35, 37, 42, 43, 46-47, 50, 51, 52, 53, 81) ; NASA/ESA (55) ; NASA Landsat Pathfinder Humid Tropical Forest Project (22) ; NOAA (23 - en haut) ; Pekka Parviainen (15) ; Royal Observatory, Édimbourg (1, 2-3) ; Rev. Ronald Royer (16-17) ; Robin Scagell (19) ; Tom Van Sant/Geosphere Project, Santa Monica (23 - milieu à gauche) ; Frank Zullo (45).

LE GRAND LIVRE DE L'ASTRONOMIE

AVEC LIENS INTERNET

Lisa Miles et Alastair Smith

Rédaction : Judy Tatchell
Maquette : Laura Fearn, Karen Tomlins
et Ruth Russell

Maquette de la couverture : Stephen Wright
Illustrations : Gary Bines et Peter Bull
Experts-conseils : Stuart Atkinson et Cheryl Power
Traduction : Muriel de Grey

SOMMAIRE

Liens Internet

Si tu as accès à Internet, tu peux consulter les sites Web que nous recommandons. Pour cela, rends-toi sur notre site : **www.usborne-quicklinks.com/fr**

Les éditions Usborne vérifient régulièrement les sites proposés et les mettent à jour si nécessaire. Les rédacteurs des éditions Usborne ont sélectionné les sites mentionnés dans ce livre, car ils conviennent, à leur avis, à des enfants. Aucune garantie n'est toutefois donnée à cet égard, et les éditions Usborne déclinent toute responsabilité concernant la nature et l'exactitude du contenu de tout site Web autre que le leur. Pour cette raison, nous recommandons que nos jeunes lecteurs consultent Internet sous la surveillance d'un adulte et qu'ils ne se connectent pas aux forums de discussion.

Il n'est pas nécessaire d'avoir accès à Internet pour se servir de ce livre. Il est en lui-même un superbe ouvrage de référence.

L'UNIVERS

Étoiles et nuages de gaz et de poussières dans l'espace

L'UNIVERS

L'Univers est le nom que l'on donne à l'ensemble des objets qui existent dans l'espace. Il est si vaste que l'on a du mal à imaginer sa taille. Il est constitué de millions d'étoiles et de planètes, et d'énormes nuages de gaz, séparés par de vastes espaces vides.

Les « années-de-lumière »

Dans l'espace, les distances sont prodigieuses. Elles se mesurent généralement en « années-de-lumière ». L'année-de-lumière est la distance parcourue par la lumière en un an, soit environ 9 460 milliards de kilomètres. La lumière se déplace à la vitesse de 300 000 km par seconde.

Les galaxies

Les étoiles forment d'immenses ensembles appelés galaxies. Leur taille est si vaste qu'il faut à un rayon de lumière des milliers d'années pour les traverser. La Terre fait partie d'une galaxie, appelée Voie lactée, qui mesure environ 100 000 années-de-lumière de diamètre. Les distances entre les galaxies sont encore plus grandes.

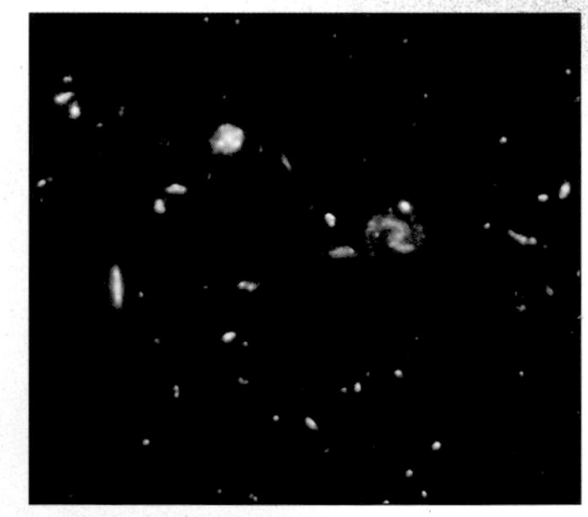

Sur cette photo, les petites taches représentent certaines des galaxies les plus lointaines jamais observées.

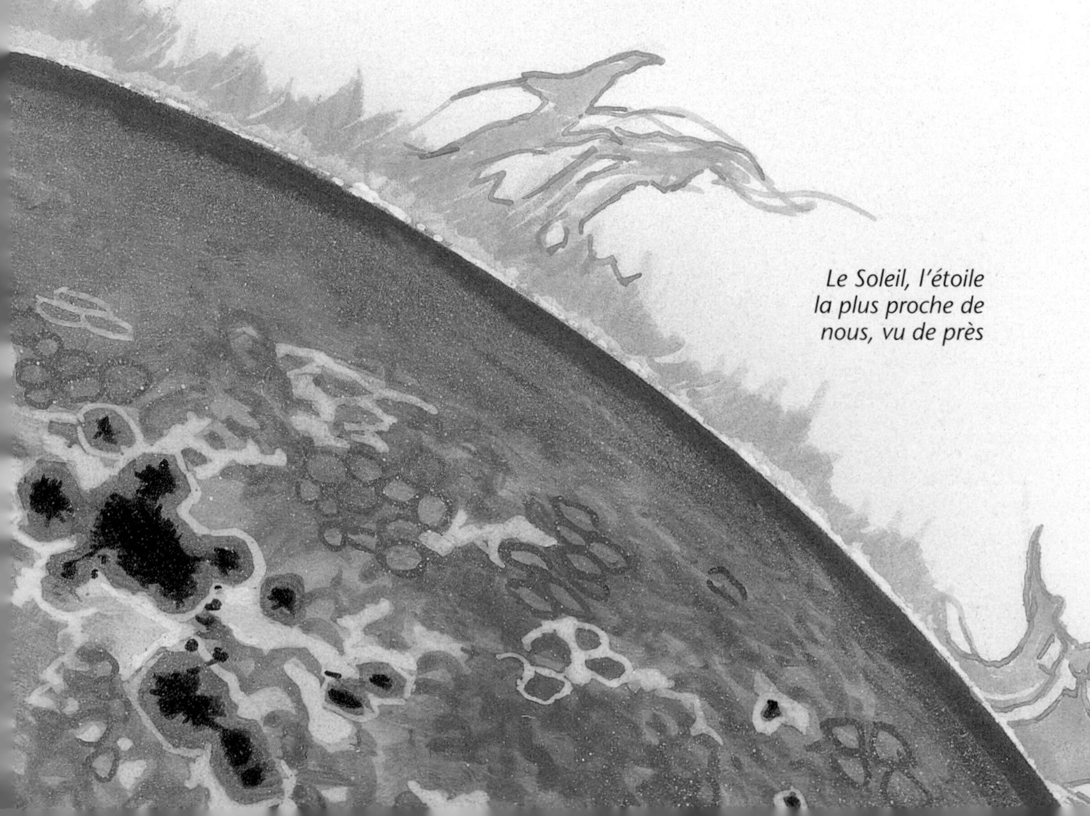

Le Soleil, l'étoile la plus proche de nous, vu de près

La taille de l'Univers

On ne connaît pas la taille de l'Univers. Il contient des millions et des millions de galaxies. Grâce aux télescopes de plus en plus puissants, les astronomes en découvrent toujours de nouvelles. Jusqu'à présent, ils ont réussi à repérer des galaxies situées jusqu'à 15 milliards d'années-de-lumière de distance.

Quand on observe le ciel, la nuit, on voit des millions et des millions d'étoiles.

La Terre

La Terre est l'une des neuf planètes qui tournent, ou gravitent, autour du Soleil. On appelle système solaire l'ensemble formé par le Soleil et les planètes qui tournent autour de lui.

L'objet naturel le plus proche de la Terre est la Lune, qui tourne autour de notre planète. Il faut à un rayon de lumière 1,5 seconde pour parcourir la distance de la Lune à la Terre.

Les étoiles dans l'espace

Chaque galaxie contient des milliards d'étoiles. Une étoile est une boule de gaz chaud, dans le noyau de laquelle se produisent des réactions thermonucléaires qui émettent de la chaleur et de la lumière. La taille et l'éclat des étoiles varient énormément.

Les étoiles les plus proches

Le Soleil est l'étoile la plus proche de la Terre. Il est situé à environ 150 millions de km. Il faut à la lumière 8 minutes pour parcourir la distance du Soleil à la Terre.

La deuxième étoile la plus proche de la Terre se nomme Proxima Centauri. Elle se trouve à environ 4,25 années-de-lumière, c'est-à-dire 40 000 milliards de km.

Pour trouver ce site, va sur **www.usborne-quicklinks.com/fr**

★ Pars à la découverte de l'espace avec un tas de jeux amusants.

L'HISTOIRE DE L'UNIVERS

On ne sait pas encore vraiment comment l'Univers a été créé. La plupart des scientifiques pensent qu'il serait issu d'une gigantesque explosion. C'est la théorie du big bang.

La boule de feu se propage et l'Univers commence à se dilater.

La théorie du big bang

Selon la théorie du big bang, l'Univers s'est formé sous l'effet d'une explosion d'une violence inimaginable.

Les scientifiques pensent que cette explosion, le big bang, s'est produite il y a plus de 15 milliards d'années, et que rien n'existait avant. Le temps lui-même a commencé avec le big bang.

Après le big bang

Le big bang a créé une immense boule de feu. En refroidissant, celle-ci s'est transformée en minuscules particules. L'ensemble de l'Univers est composé de ces particules, la matière. Puis, la boule de feu s'est propagée et l'Univers a commencé à se dilater.

Dans le noir

Petit à petit, en refroidissant, la boule de feu s'est transformée en nuages de gaz épais. Ces gaz se sont rassemblés en amas denses. L'Univers était alors si compact qu'il empêchait la lumière de se propager. Il faisait donc nuit.

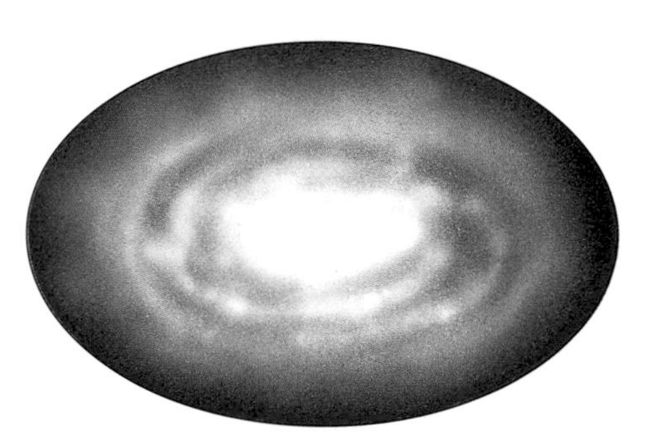

D'épais nuages de gaz s'assemblent pour former de vastes amas de matière dense.

La formation des galaxies

La température de l'Univers a commencé à baisser, mais elle restait encore d'une chaleur inimaginable. Plusieurs milliers d'années plus tard, la température est descendue à quelques milliers de degrés. Le brouillard s'est éclairci, permettant à la lumière de se déplacer plus loin. Les galaxies se sont formées à partir de ces amas denses de matière.

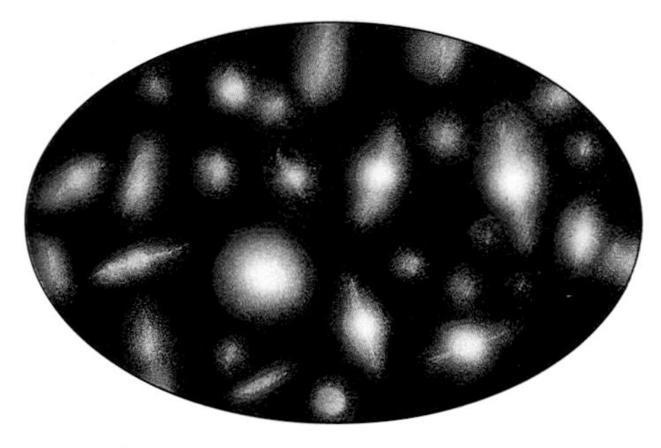

Les étoiles et les galaxies commencent à se former et l'Univers devient transparent.

Notre système solaire

Environ 10 milliards d'années après le big bang, le Soleil, la Terre et les autres planètes de notre système solaire se sont formés, près du bord de la Voie lactée. Certaines parties de l'Univers n'ont pas encore fini de se former.

Près de 10 milliards d'années après le big bang, le système solaire se forme.

Le pour...

Une des raisons pour lesquelles la plupart des scientifiques pensent que la théorie du big bang est correcte est que, grâce à de puissants radiotélescopes, on a détecté dans l'espace un signal ténu, semblable à un écho. Celui-ci pourrait provenir de l'énergie produite par la boule de feu initiale, qui s'est propagée dans l'espace après le big bang.

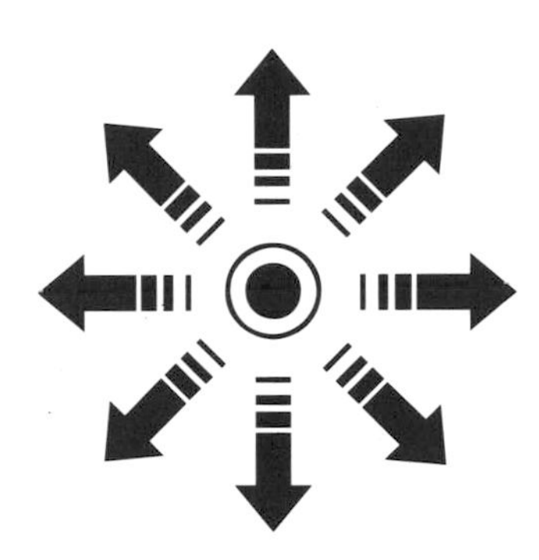

L'énergie provenant de l'explosion du big bang s'est propagée dans l'espace, créant un écho.

... et le contre

Il y a toutefois un problème. Les astronomes ont calculé que, si l'Univers ne contenait que la matière que nous connaissons, il se serait dilaté trop vite après le big bang pour permettre aux galaxies de se former.

Pour que la théorie du big bang soit correcte, il faudrait que l'Univers contienne davantage de matière que celle dont nous avons connaissance. Il faudra donc encore en découvrir avant de pouvoir rendre compte de toute la « masse manquante » qui doit exister.

Masse manquante

Il se peut que nous ne connaissions que 10 % de l'Univers. Le reste serait encore à découvrir.

L'évolution future de l'Univers

Les astrophysiciens avancent plusieurs théories concernant l'évolution future de l'Univers. Trois d'entre elles sont décrites ci-dessous.

La théorie du ralentissement

Si l'Univers ne contient pas beaucoup plus de matière que celle dont nous avons connaissance, il pourrait continuer à se dilater.

Dans cet Univers en constante expansion, tout finirait donc simplement par disparaître. Les vieilles étoiles s'éteindraient et les galaxies cesseraient d'en produire de nouvelles. L'Univers deviendrait alors une brume de particules froides.

L'Univers pourrait ralentir, puis simplement disparaître.

La théorie de la contraction

S'il existe plus de matière que celle qui est connue, une force d'attraction, la force de gravité, pourrait finalement ralentir l'expansion de l'Univers. Elle attirerait les galaxies, jusqu'à ce qu'elles entrent en collision. Il pourrait alors y avoir un big crunch, tel un big bang à l'envers.

Les galaxies se heurtent en un big crunch.

La théorie de l'oscillation

D'après certains scientifiques, l'Univers fonctionne comme le cœur, par battements rythmés. Ils pensent qu'il se dilate, puis se contracte, puis se dilate de nouveau, etc. Le big bang est suivi d'un big crunch, selon un cycle en répétition constante.

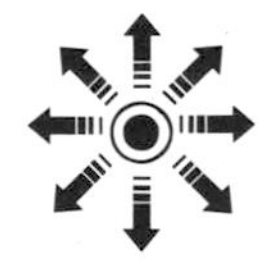

Big bang

Big crunch

Big bang

Les détectives de l'espace

Personne ne sait encore exactement comment fonctionne l'Univers. Les astronomes, tels des détectives de l'espace, utilisent un matériel puissant, comme le radiotélescope ci-contre, pour percer les mystères de l'Univers.

Le miroir d'Arecibo à Puerto Rico. C'est le plus grand radiotélescope du monde.

À LA DÉCOUVERTE DE L'ESPACE

Voici quelques exemples des méthodes employées par les astronomes pour étudier l'Univers, ainsi que leurs techniques et leur matériel.

Les télescopes optiques

On appelle télescopes optiques les télescopes qui grossissent les objets à l'aide de la lumière. Ceux qu'utilisent les astronomes pour examiner les endroits reculés de l'espace sont très puissants. Beaucoup sont construits en haute montagne, afin d'éviter une bonne partie de l'atmosphère brumeuse et polluée de la Terre.

Radiotélescope

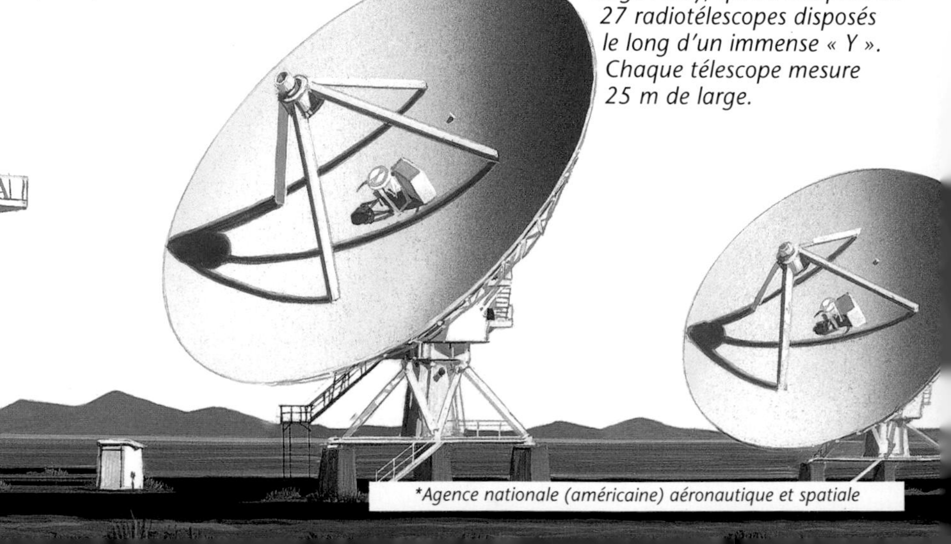

Les radiotélescopes

Les radiotélescopes possèdent de très grands miroirs, ou antennes paraboliques, qui recueillent les signaux ténus émis par les corps célestes. Ils permettent aux astronomes de détecter des objets trop sombres ou trop éloignés pour être observés même à l'aide du télescope optique le plus puissant.

Le radiotélescope le plus grand est celui d'Arecibo à Puerto Rico (page 9). Son miroir de 305 m de diamètre est construit dans une vallée naturelle. L'image en bas représente une partie du radiotélescope américain Very Large Array, au Nouveau-Mexique.

Les télescopes spatiaux

Ces télescopes permettent de voir plus loin que les télescopes terrestres, car ils n'ont pas à traverser l'atmosphère de la Terre. Hubble, un télescope optique lancé par la Nasa (National Aeronautics and Space Administration)* en 1990 est le plus grand télescope installé dans l'espace jusqu'à présent.

Les stations spatiales

Les stations spatiales sont des engins qui gravitent autour de la Terre. Les scientifiques et les astronautes qui sont à bord s'en servent pour faire des expériences et pour savoir comment le corps humain réagit dans l'espace. Une grande station spatiale internationale (ISS) est en construction sur orbite à l'heure actuelle. Dix-sept pays participent à ce projet.

Les sondes spatiales

Pour étudier l'espace lointain, on se sert de sondes spatiales non habitées, qui envoient leurs découvertes à la Terre. Elles sont souvent équipées d'appareils photo, qui prennent des photographies détaillées d'univers distants. Elles les transmettent à la Terre, où elles sont étudiées par les astrophysiciens. La sonde spatiale Pioneer 10, lancée en 1996, a été le premier objet artificiel à sortir de notre système solaire. Elle se trouve maintenant à plus de 11 milliards de km de la Terre.

Partie du radiotélescope Very Large Array, qui se compose de 27 radiotélescopes disposés le long d'un immense « Y ». Chaque télescope mesure 25 m de large.

*Agence nationale (américaine) aéronautique et spatiale

NOTRE SYSTÈME SOLAIRE

De haut en bas : Mercure, Vénus, la Terre et la Lune, Mars, Jupiter, Saturne, Uranus et Neptune, photographiées par des sondes spatiales.

NOTRE SYSTÈME SOLAIRE

Le système solaire se compose du Soleil et de tous les corps qui tournent autour de lui : planètes avec leurs satellites, morceaux de roche et quantités énormes de poussière.

Le Soleil

Le Soleil est une étoile, c'est-à-dire une boule massive de gaz en explosion. Il applique une force d'attraction, la force de gravité, à tous les objets qui se trouvent à moins de 6 milliards de km, les forçant à tourner autour de lui.

Les planètes

Les corps les plus gros qui tournent autour du Soleil sont les planètes. On n'en connaît actuellement que neuf, mais il en existe peut-être d'autres. Elles tournent autour du Soleil, en suivant une trajectoire presque circulaire, l'orbite. Les quatre planètes les plus proches du Soleil, ou planètes inférieures, sont petites, rocheuses et compactes. Ce sont Mercure, Vénus, la Terre et Mars.

Ce dessin représente les planètes tournant autour du Soleil.

Le Soleil est plus gros que tous les autres objets du système solaire réunis.

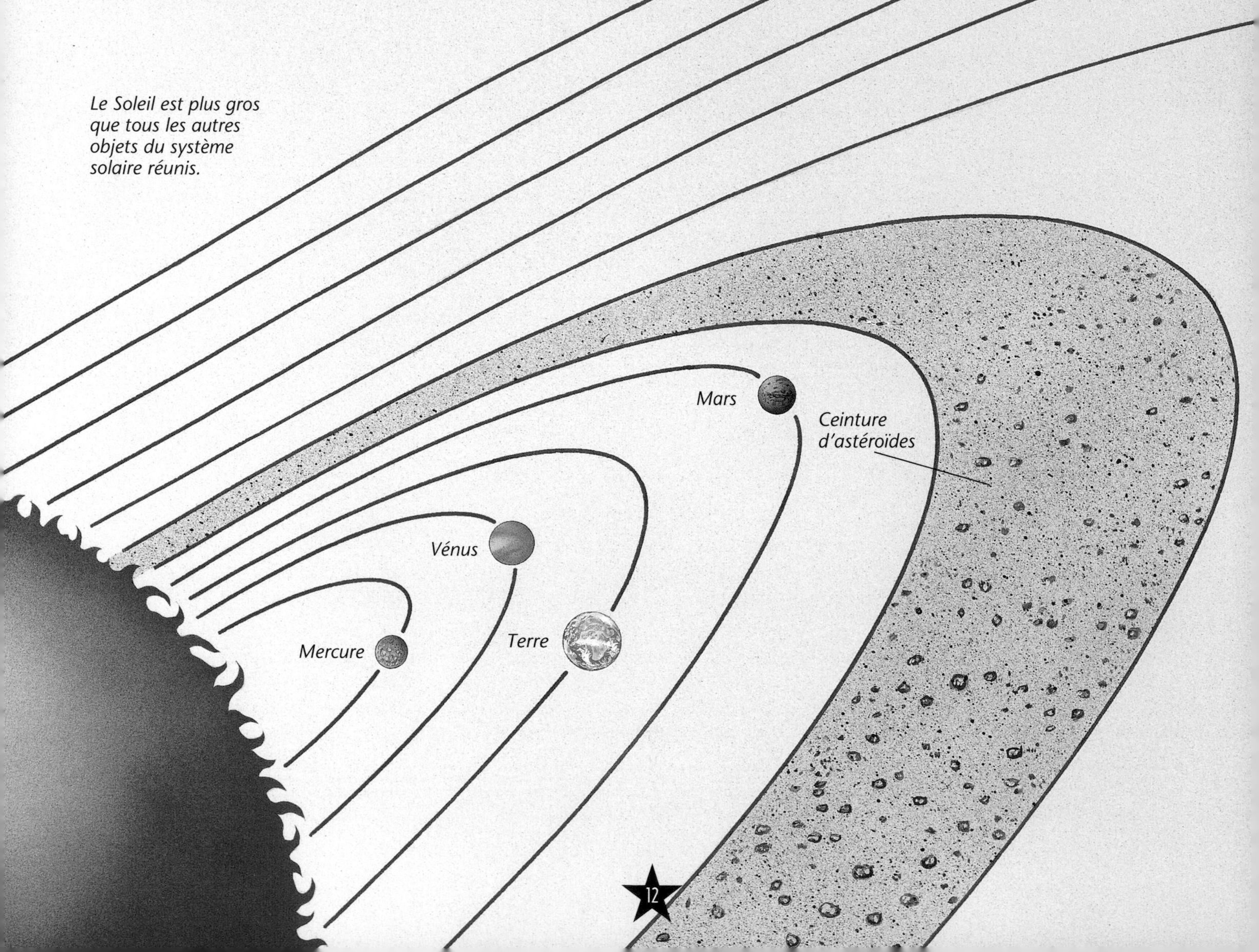

Pour trouver ces sites, va sur **www.usborne-quicklinks.com/fr**
★ Les neuf planètes du système solaire. ★ Un autre site pour explorer le système solaire.

Les planètes supérieures

Les planètes les plus éloignées du Soleil, ou planètes supérieures, sont Jupiter, Saturne, Uranus, Neptune et Pluton. Elles sont composées de glace, de gaz et de liquides et, sauf Pluton, sont plus grosses que les planètes inférieures.

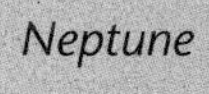

Pluton

Neptune

Uranus

Saturne

Jupiter

Les satellites

La plupart des planètes possèdent des satellites, aussi appelés lunes, qui gravitent autour d'elles, tout comme notre Lune tourne autour de la Terre. Certaines planètes en possèdent plusieurs, comme Jupiter qui en a au moins 28.

Il existe différents types de satellites. Certains sont seulement rocheux, d'autres contiennent également de la glace et des liquides. Plusieurs, comme notre Lune, renferment des cratères, des montagnes et des vallées. Certains, qui n'ont pas été photographiés dans les détails, sont mal connus.

Les astéroïdes

Les astéroïdes sont de gros morceaux de roche, ou de roche et de métal. Ils se sont formés en même temps que le reste du système solaire il y a environ 5 milliards d'années. Ils gravitent autour du Soleil comme les planètes. Certains suivent une orbite de forme ovale qui les emmène loin du Soleil. D'autres précèdent ou suivent les planètes, mais la plupart d'entre eux forment une bande, appelée ceinture d'astéroïdes, entre Mars et Jupiter.

Les comètes

Les comètes ressemblent à de gigantesques boules de neige sale qui tournent autour du Soleil. Leur trajectoire les emmène au loin, et elles ne se rapprochent du Soleil que pendant un court moment. Elles portent en général le nom de ceux qui les ont découvertes. Ainsi, la comète de Halley a été baptisée d'après l'astronome Edmund Halley.

Les météoroïdes

Les petits débris qui flottent dans le système solaire s'appellent des météoroïdes.

Quand ils tombent dans l'atmosphère terrestre, ils s'embrasent et dessinent une traînée brillante dans le ciel. On les appelle alors météores ou étoiles filantes. S'ils tombent sur la Terre, ils prennent le nom de météorites.

LE SOLEIL

Comme toute étoile, le Soleil est une boule massive de gaz en explosion. À l'intérieur, des particules minuscules, appelées atomes, d'hydrogène s'unissent pour former un autre gaz, l'hélium. Ce processus, la fusion nucléaire, émet d'énormes quantités de chaleur et de lumière. Sans ces rayons, la vie n'existerait pas sur la Terre.

Sa taille

Le Soleil a environ 1,4 million de km de diamètre. Il est si gros qu'il pourrait contenir plus d'un million de planètes de la taille de la Terre. Cependant, comparé à d'autres étoiles de l'Univers, le Soleil est plutôt petit. Ce schéma le représente à côté de l'une des plus grandes des étoiles, qui a pour nom Bételgeuse.

La structure du Soleil

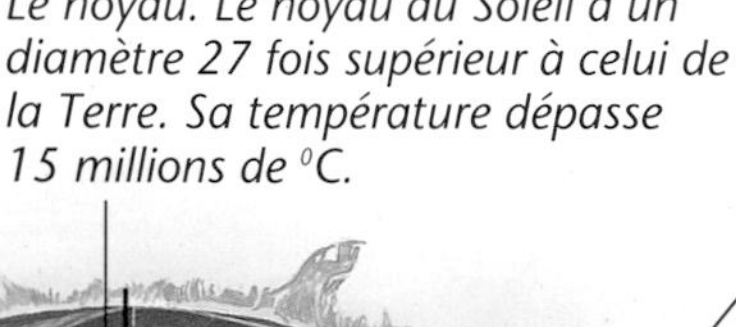

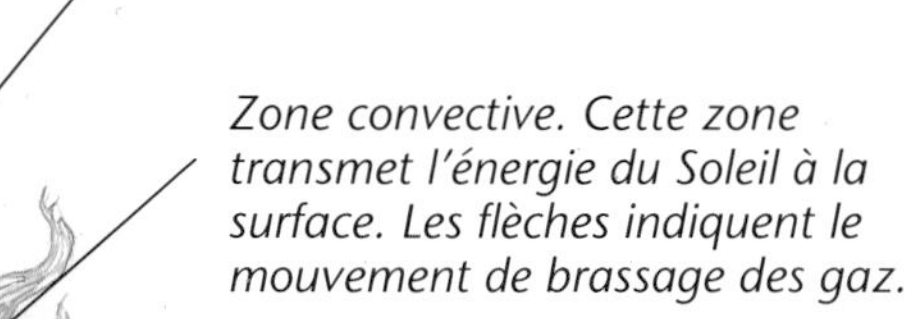

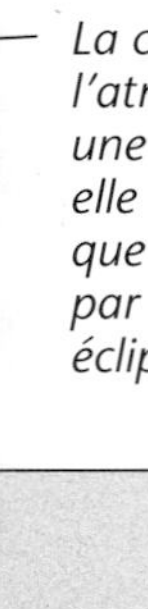

Le noyau. Le noyau du Soleil a un diamètre 27 fois supérieur à celui de la Terre. Sa température dépasse 15 millions de °C.

Zone radiative. La chaleur produite dans le noyau se propage à travers cette zone par vagues.

Zone convective. Cette zone transmet l'énergie du Soleil à la surface. Les flèches indiquent le mouvement de brassage des gaz.

La photosphère est la surface du Soleil. Elle se compose de gaz en turbulence.

La couronne est la partie externe de l'atmosphère solaire. Elle s'étend sur une distance énorme mais, comme elle est très ténue, on ne l'aperçoit que lorsque le Soleil est dissimulé, par exemple par la Lune, lors d'une éclipse (voir pages 16-17).

Les taches solaires

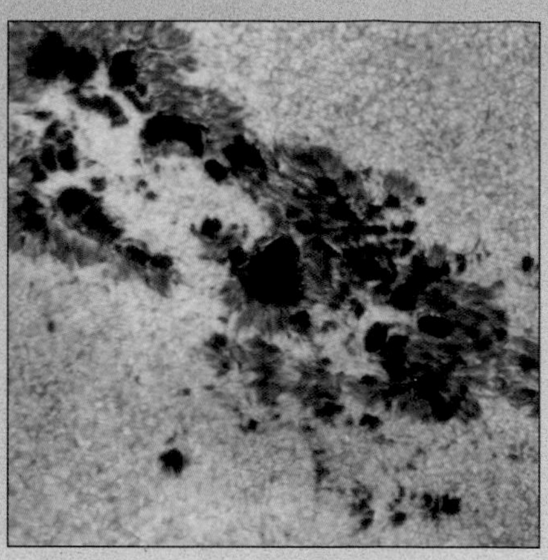

Tache solaire, photographiée de la Terre à l'aide d'un matériel spécial

La surface du Soleil est marquée de petites taches sombres, les taches solaires. Ce sont des zones légèrement moins chaudes que le reste. Il arrive que des taches solaires se rejoignent pour former des groupes parfois énormes. Le plus étendu jamais observé couvrait une surface de 18,13 milliards de km^2.

Des gaz incandescents

Les taches solaires sont souvent entourées de nuages de gaz incandescents, les facules. Ces nuages planent juste au-dessus de la surface du Soleil. D'immenses boucles de gaz, les protubérances, s'élèvent à la surface à une vitesse atteignant jusqu'à 600 km/seconde. Les éruptions solaires, des explosions de rayonnement (ondes d'énergie produites par le Soleil), sont encore plus violentes et spectaculaires.

ATTENTION !
Ne regarde jamais le Soleil à la jumelle, au télescope ou même à l'œil nu. Sa lumière peut te rendre aveugle. Il ne faut pas non plus le regarder à travers du verre fumé ou des filtres solaires, car ceux-ci n'empêchent pas tous les rayons nocifs de passer.

Tu peux toutefois regarder le Soleil indirectement. Braque des jumelles sur le Soleil, en les plaçant devant une feuille de carton blanc. Bouge les jumelles jusqu'à ce qu'un cercle de lumière apparaisse sur la feuille. Règle-les pour avoir une image bien nette.

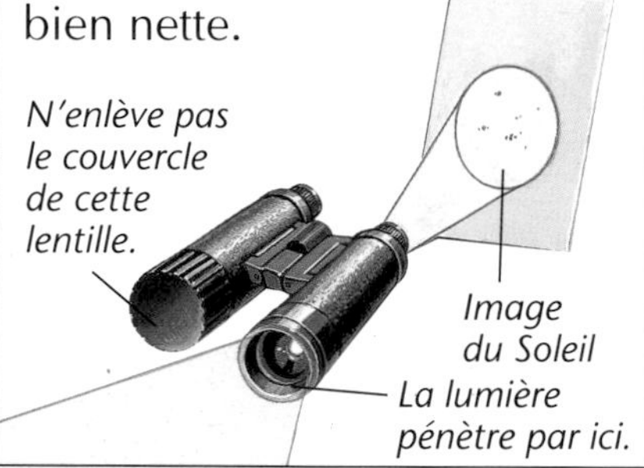

Le vent solaire

L'aurore polaire, un phénomène lumineux dû au vent solaire, est un spectacle étonnant. On l'observe dans des régions situées à l'extrême nord et à l'extrême sud de la Terre.

Le Soleil émet un flux constant de particules invisibles dans toutes les directions. C'est le vent solaire, qui atteint la Terre en permanence. On ne le sent pas, parce que les forces magnétiques terrestres le font dévier et absorbent son énergie.

Quand des particules sont emprisonnées près des pôles terrestres Nord et Sud, elles créent un phénomène lumineux d'une grande beauté, l'aurore polaire. Dans le Nord, on l'appelle l'aurore boréale, dans le Sud, l'aurore australe.

Cette photo montre la turbulence continuelle de la surface du Soleil.

LES ÉCLIPSES

En se déplaçant dans l'espace, la Terre empêche parfois la lumière du Soleil d'atteindre la Lune, et inversement. On appelle ce phénomène une éclipse. De temps à autre, il est possible d'en observer une. C'est un véritable événement, souvent annoncé aux informations. Il en existe deux types : l'éclipse de Lune et l'éclipse de Soleil.

L'éclipse de Lune

L'éclipse de Lune se produit quand la Terre passe entre le Soleil et la Lune. La Lune entre dans l'ombre de la Terre.

On voit les éclipses de Lune du côté de la Terre qui se trouve dans l'obscurité. La Lune brille faiblement et prend souvent une teinte rougeâtre.

Il se produit en général une éclipse par an. On peut les observer à l'œil nu, mais elles sont plus visibles à la jumelle.

L'éclipse de Lune totale

Comme toute ombre, celle de la Terre est plus légère au bord et plus sombre au milieu. Quand la Lune passe dans la partie la plus sombre, le cône d'ombre, une éclipse totale se produit. La Lune semble alors très sombre.

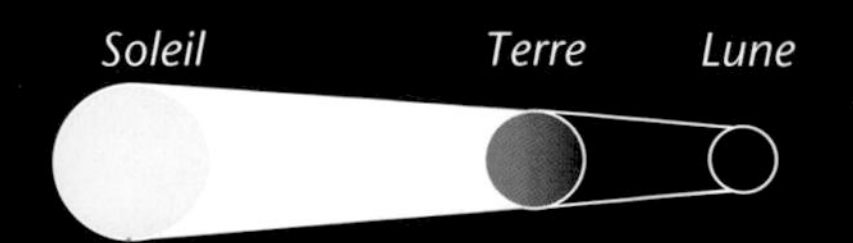

Éclipse de Lune totale. La Lune se trouve dans l'ombre de la Terre.

L'éclipse de Lune partielle

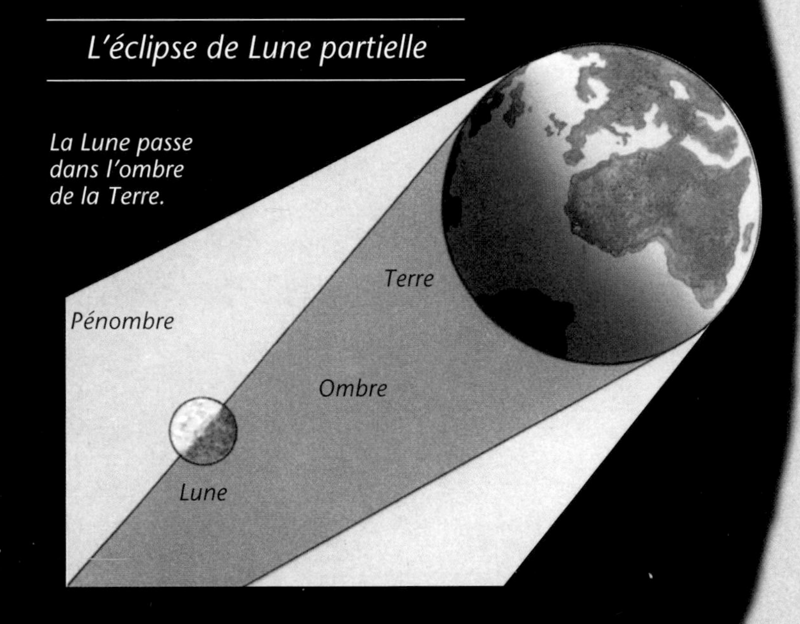

Il y a éclipse partielle quand une partie de la Lune reste dans la zone la plus claire de l'ombre, la pénombre. La Lune semble moins foncée que durant une éclipse totale.

L'éclipse partielle se produit aussi quand la Lune évite entièrement l'ombre et ne passe que par la pénombre. Mais elle est beaucoup moins facile à voir.

La grande photographie de cette page représente une éclipse totale de Soleil (voir ci-contre). Le Soleil est entièrement caché par l'ombre de la Lune. La lumière incandescente qui entoure le disque sombre est la couronne, la partie extérieure de l'atmosphère du Soleil.

Pour trouver ce site, va sur **www.usborne-quicklinks.com/fr**

★ Une fiche sur les éclipses de Lune, avec des diagrammes très clairs.

Pour trouver ce site, va sur **www.usborne-quicklinks.com/fr**
★ Admire de superbes photos d'éclipses de Soleil.

L'éclipse de Soleil

L'éclipse de Soleil se produit quand la Lune passe entre le Soleil et la Terre, empêchant la lumière du Soleil d'atteindre une partie de notre planète. Les éclipses de Soleil se produisent seulement une fois tous les 3 ou 4 ans et ne durent que 2 ou 3 minutes.

Durant une éclipse totale, la couronne est visible à l'œil nu. On peut regarder une éclipse totale, mais il faut veiller à ne pas apercevoir les rayons du Soleil avant ou après. L'éclipse annulaire se produit lorsque la Lune passe directement devant le Soleil mais ne le masque pas complètement. La partie visible du Soleil prend alors la forme d'un anneau. Selon l'endroit d'observation, une éclipse peut paraître totale ou annulaire ; on parle alors d'éclipse hybride.

1. La Lune s'approche du Soleil.

2. La Lune passe devant la face du Soleil.

Pour voir une éclipse

On ne peut apercevoir les éclipses solaires que si on se trouve dans des endroits de la Terre situés dans l'ombre de la Lune. Cette ombre ne couvre qu'une petite partie de la surface terrestre.

Les images de droite représentent ce qui se passe durant une éclipse.

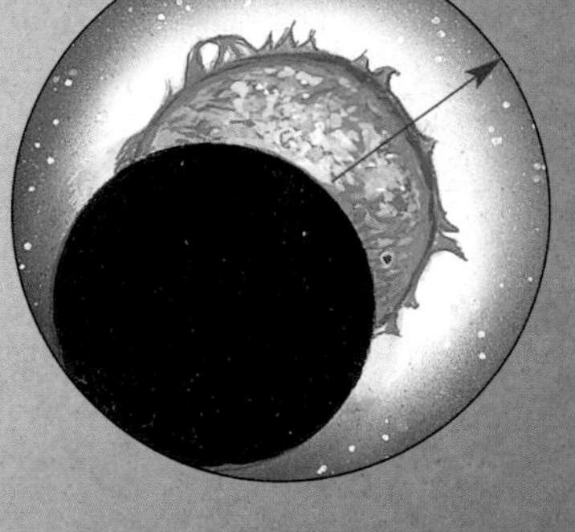

3. La lumière du Soleil est en partie cachée. C'est une éclipse partielle.

4. Dans une éclipse totale, le Soleil est entièrement dissimulé. On ne voit que la couronne.

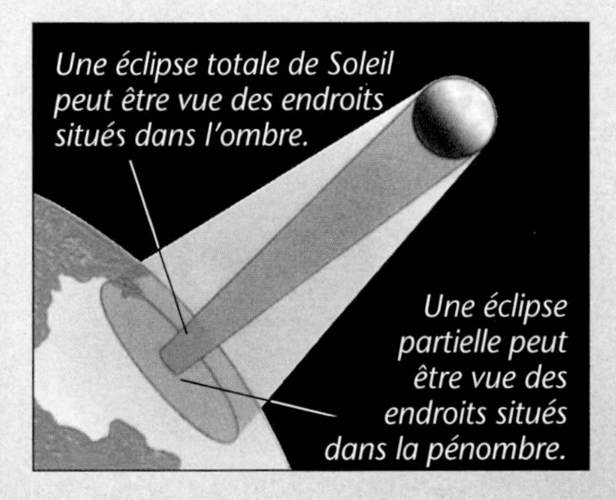

ATTENTION !
Pour observer sans danger une éclipse de Soleil, il faut projeter son image (voir page 15). Ne regarde jamais directement le Soleil, ni même à travers du verre fumé, des jumelles ou un télescope. Les rayons du Soleil risqueraient de te rendre aveugle.

La bague de diamant

C'est un effet éblouissant qui se produit parfois durant une éclipse de Soleil. Immédiatement avant et après l'éclipse, il arrive qu'un rayon du Soleil se mette à briller fortement, comme un diamant.

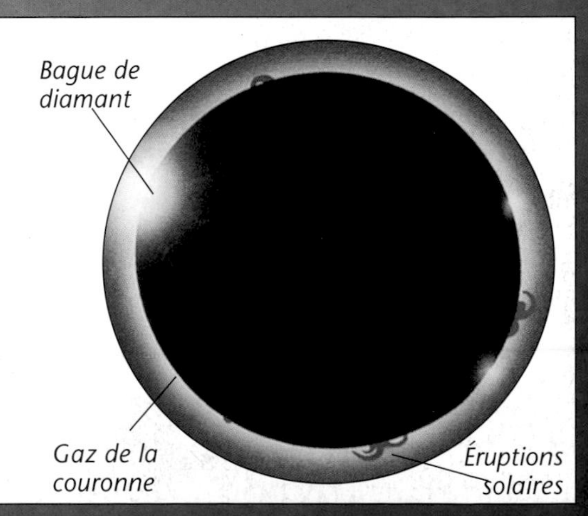

MERCURE

De toutes les planètes de notre système solaire, Mercure est la plus proche du Soleil. Elle tourne autour de lui à une distance d'environ 58 millions de km.

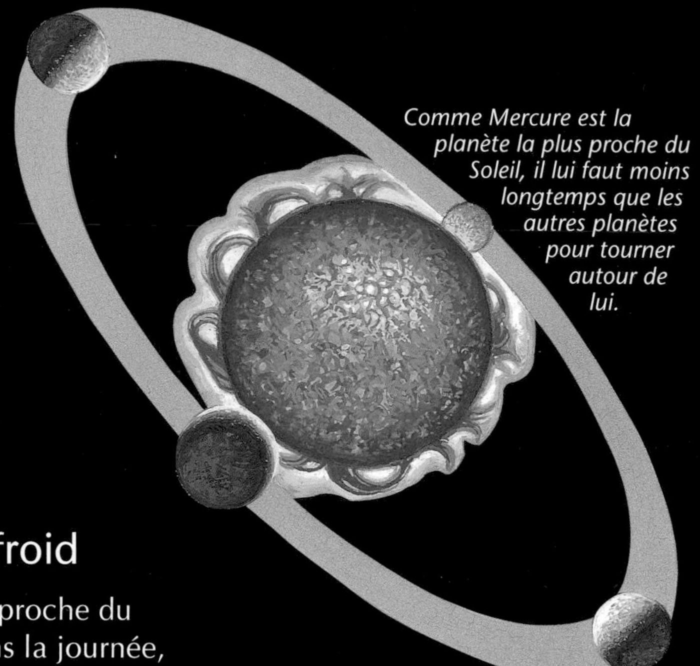

Comme Mercure est la planète la plus proche du Soleil, il lui faut moins longtemps que les autres planètes pour tourner autour de lui.

Soleil (n'est pas à l'échelle)

Une planète minuscule

Par rapport à la plupart des autres planètes du système solaire, Mercure est petite. Seule Pluton est encore plus petite. Le diamètre de Mercure est de 4 880 km. Le diamètre de la Terre est près de trois fois supérieur.

Mercure représentée à l'échelle avec la Terre et la Lune

Chaud et froid

Mercure est si proche du Soleil que, dans la journée, la température peut atteindre 427 °C. C'est plus de quatre fois la température de l'eau bouillante.

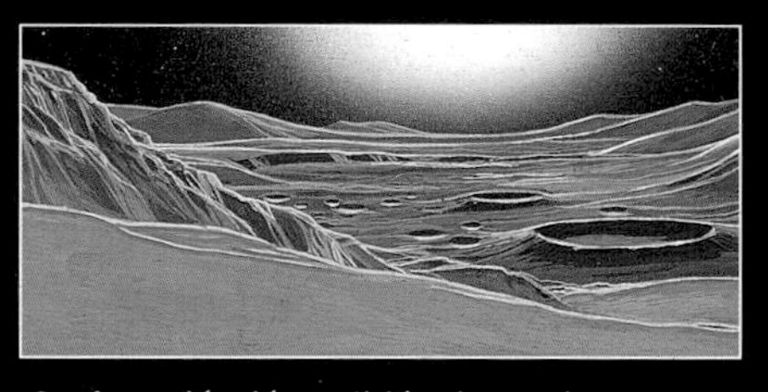

Surface désolée, criblée de cratères, de Mercure

La nuit, toutefois, elle descend parfois jusqu'à -183 °C. Certains des cratères de Mercure sont si profonds que la lumière du Soleil n'atteint jamais le fond. Ils restent extrêmement froids.

Jours et années

L'année de Mercure (le temps qu'elle met pour tourner autour du Soleil) équivaut à 88 jours terrestres. Une année sur Mercure est donc inférieure au quart d'une année sur Terre.

Mercure tourne lentement. Chaque jour (le temps qu'elle met pour faire un tour sur elle-même) équivaut à 59 jours terrestres. Il y a moins de 2 jours dans l'année de Mercure. Ces longues périodes passées loin de la lumière du Soleil expliquent pourquoi il y fait si froid la nuit.

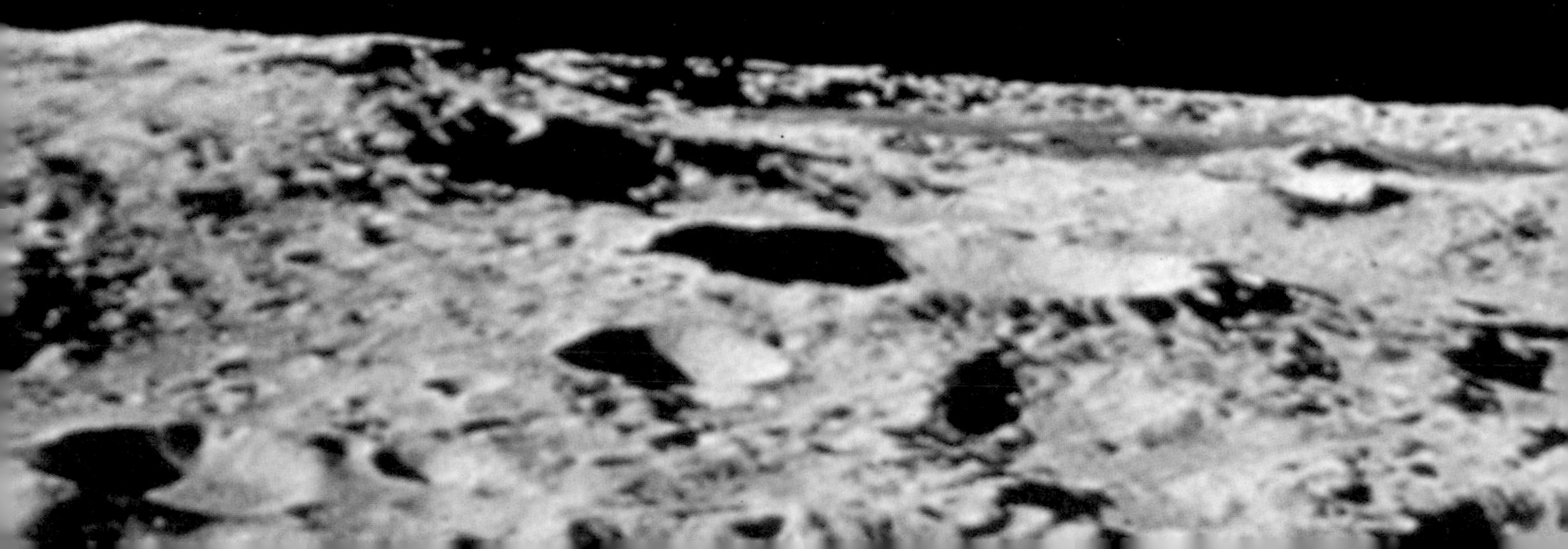

Où chercher Mercure ?

On voit quelquefois Mercure bas dans le ciel juste après le coucher du Soleil ou juste avant son lever. Elle ressemble à une étoile blanche, d'un éclat constant.

Quand elle atteint son éclat maximal, on l'aperçoit à l'œil nu, mais il vaut mieux utiliser un télescope ou des jumelles.

La tache brillante située au milieu de cette photographie représente Mercure.

ATTENTION !
Il ne faut chercher Mercure qu'une fois le Soleil complètement couché, ou avant le début de son lever. Les rayons du Soleil rendent aveugle, même entrevus à travers un télescope ou des jumelles.

Les phases de Mercure

En tournant autour du Soleil, Mercure semble changer de luminosité et de forme. On appelle ces changements des phases. On peut observer les différentes phases de Mercure avec un télescope puissant.

Quand Mercure se rapproche de l'autre face du Soleil, elle paraît plus petite et moins brillante à cause de la distance. Mais une plus grande partie en est éclairée (voir les phases gibbeuses et complètes plus bas).

En réapparaissant de l'autre côté du Soleil, Mercure semble brillante et assez grosse, car elle est plus proche de nous. Une moins grande partie de sa surface est éclairée (voir les phases croissantes ci-dessous.)

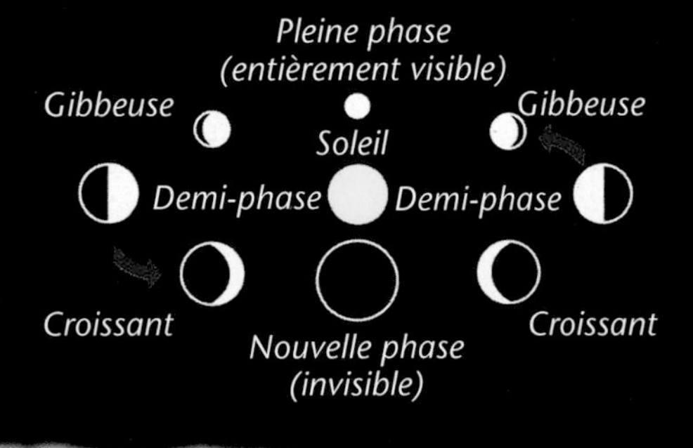

Mariner 10, la seule sonde spatiale à avoir visité Mercure

Sonde spatiale

La seule mission envoyée vers Mercure jusqu'à présent a été lancée par les États-Unis en 1973. Cette sonde non habitée s'appelait Mariner 10.

Mariner 10 a effectué un relevé détaillé de Mercure. Elle a découvert que celle-ci est dépourvue d'atmosphère et d'eau, et que la vie y est donc impossible. Sa surface aride et rocheuse est couverte de cratères aux bords acérés.

Photographie de la surface de Mercure prise par Mariner 10

VÉNUS

Cette planète est de la taille de la Terre. Elle tourne autour du Soleil à une distance de 108 millions de km environ. De sa surface, surtout plate, s'élèvent plusieurs zones qui ressemblent aux continents terrestres.

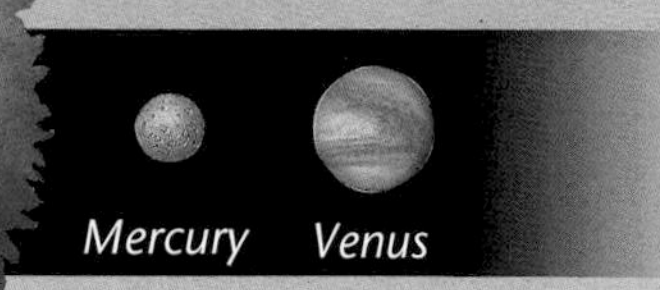

Ces planètes, et les distances entre elles, ne sont pas représentées à l'échelle.

Lumière du Soleil

L'atmosphère épaisse de Vénus renvoie la majeure partie de la lumière du Soleil.

Une lourde atmosphère

L'atmosphère de Vénus est très épaisse. Composée surtout de gaz carbonique, elle est si dense qu'elle appuie lourdement sur la surface de la planète. Certains des nuages de Vénus sont composés d'acide sulfurique. Ils donnent une pluie qui détruirait tout être vivant.

Étoile du matin, étoile du soir

À certains moments de l'année, on distingue facilement Vénus à l'œil nu, juste avant le lever du Soleil, ou juste après son coucher. De nombreux astronomes l'appellent l'étoile du matin ou l'étoile du soir, selon le moment de la journée où elle apparaît. Après le Soleil et la Lune, Vénus est l'objet le plus brillant du ciel.

Cette image représente les montagnes vénusiennes. Elle a été prise par la sonde spatiale Magellan.

L'atmosphère de Vénus reflète la lumière du Soleil tel un immense miroir. C'est pour cela que Vénus paraît si brillante dans le ciel.

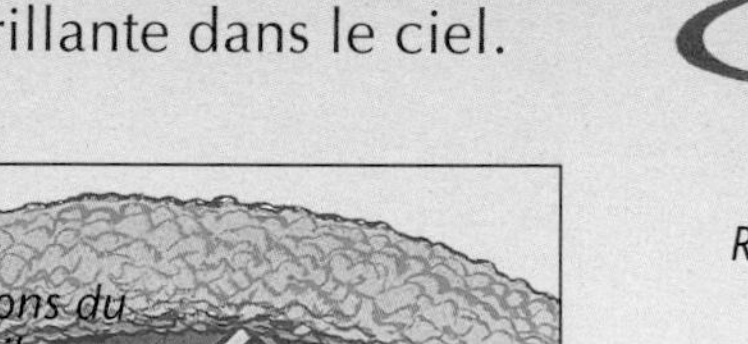

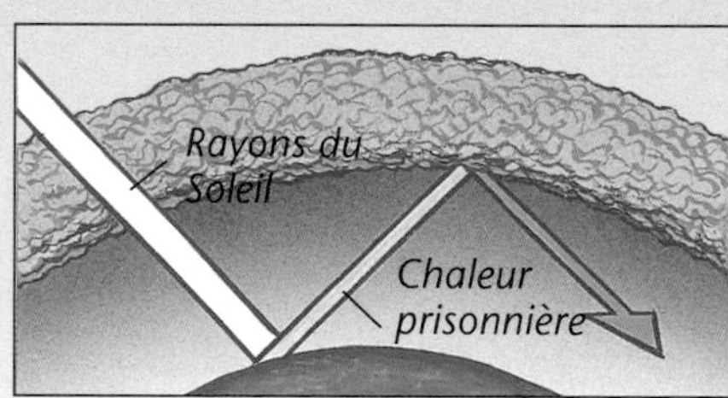

La chaleur du Soleil qui parvient à traverser ces nuages reste prisonnière. En surface, la température peut s'élever jusqu'à environ 480 °C.

Une rotation rétrograde

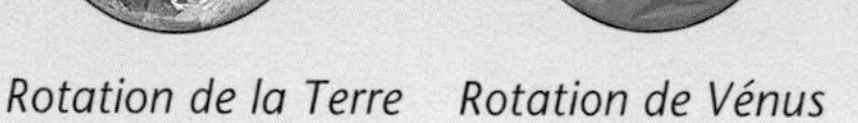

Rotation de la Terre *Rotation de Vénus*

Vénus tourne dans le sens inverse de la Terre et de la plupart des autres planètes.

Il faut plus longtemps à Vénus pour faire un tour sur elle-même que pour graviter autour du Soleil. Un jour sur Vénus est donc plus long qu'une année.

Pour trouver ce site, va sur **www.usborne-quicklinks.com/fr**
* Tu peux lire ici une rubrique sur la planète Vénus.

À l'étude de Vénus

Avant 1975, quand deux sondes spatiales appelées Venera ont été envoyées par l'Union soviétique, personne ne savait pas à quoi ressemblait la surface de Vénus.

Dotées de radars leur permettant de percer la couche de nuages, les sondes Venera ont fait le relevé de la surface de cette planète. Un robot envoyé à la surface a permis de voir que c'était un désert brun orangé d'allure morne, couvert de roches déchiquetées.

Les cratères

Comme Mercure et Mars, Vénus est criblée de cratères, mais moins profonds. Son atmosphère épaisse ralentit les objets qui la traversent, si bien qu'ils heurtent la surface avec moins de force, creusant des cratères moins profonds.

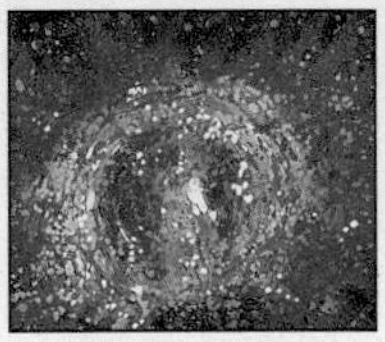

Cette tache sombre s'est formée sous l'effet des ondes de choc produites par l'explosion d'un objet tombé sur la surface.

Ces petits cratères se sont formés sous l'impact des morceaux d'un objet tombé sur la surface de Vénus.

Magellan

La sonde spatiale américaine Magellan a fait un examen plus approfondi de Vénus à la fin des années 80 et au début des années 90.

Elle a révélé que sa surface était en grande partie couverte de zones de lave solidifiée, qui s'était écoulée de ses nombreux volcans.

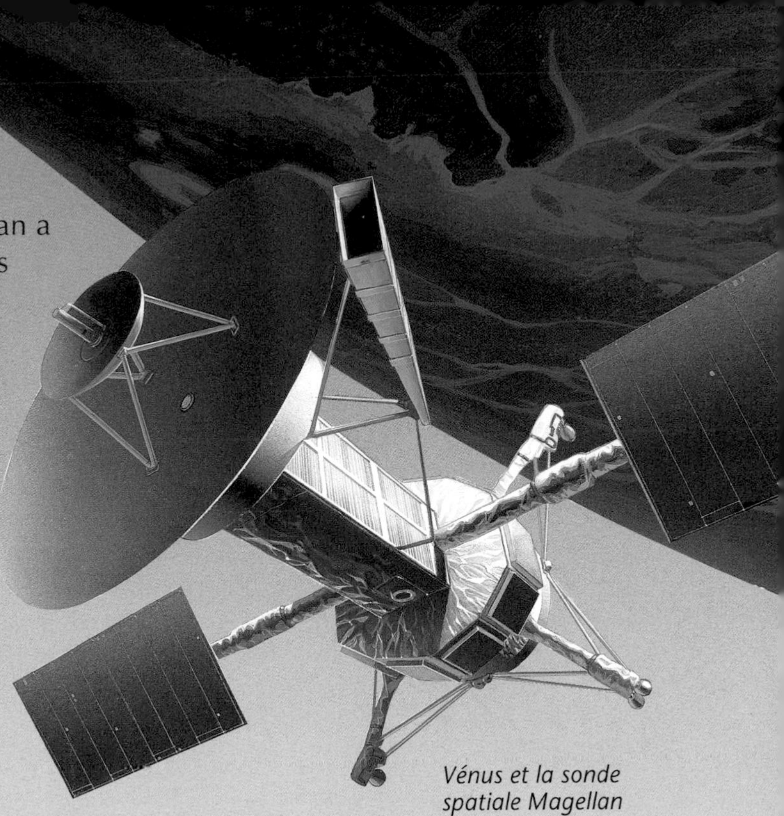

Magellan a également permis de discerner des fissures et des lignes étranges, semblables à des toiles d'araignée. Ces configurations ne se trouvent que sur Vénus et se seraient formées sous la poussée de roches en fusion qui auraient fissuré la croûte.

Vénus et la sonde spatiale Magellan

ATTENTION !
Pour observer Vénus, il faut être sûr que le Soleil est bien couché (le soir) ou qu'il n'a pas commencé à se lever (le matin). En effet, en apercevant le Soleil accidentellement à travers un télescope ou bien des jumelles, tu risques de te rendre aveugle.

Cette montagne s'appelle Gula Mons.

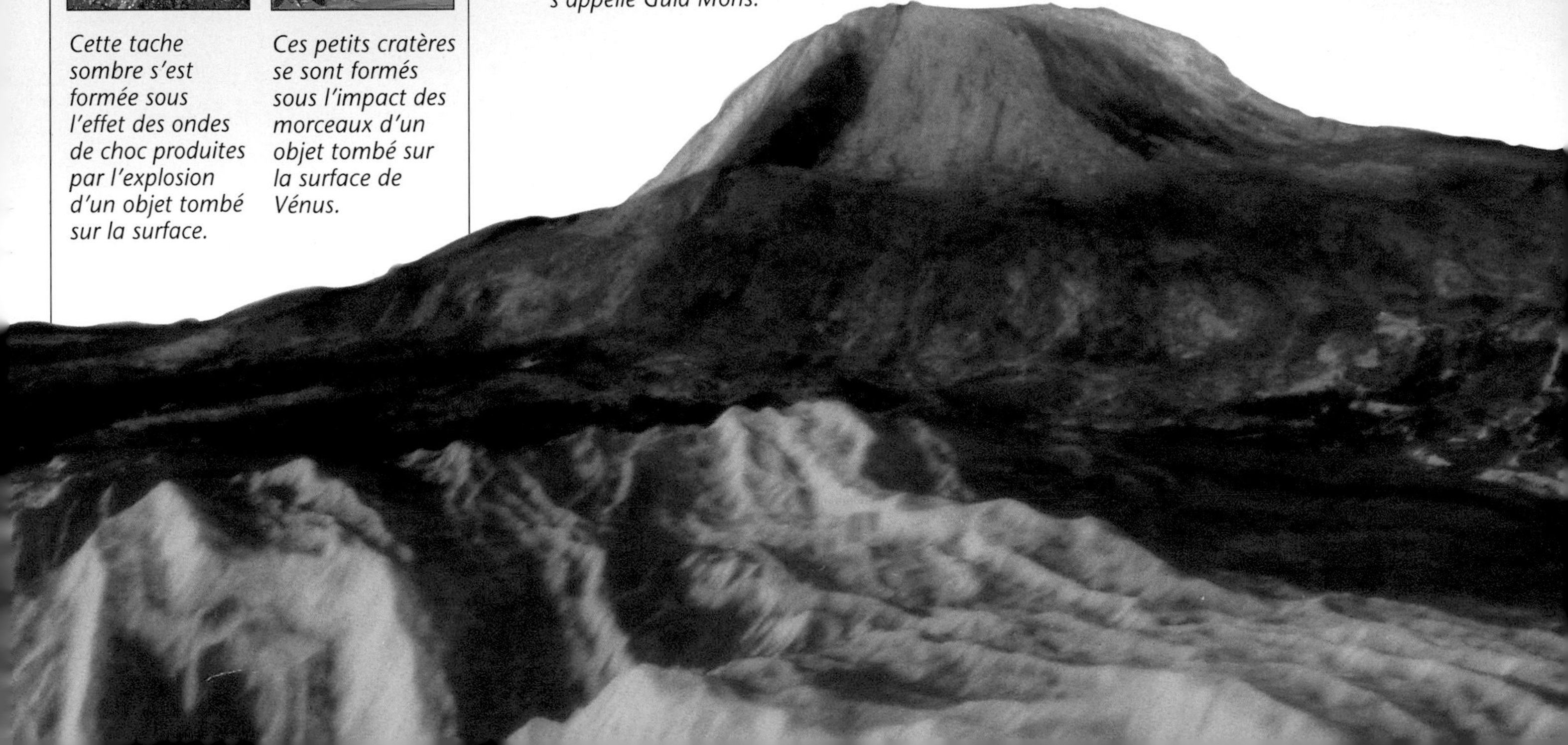

LA TERRE

La Terre tourne autour du Soleil à la vitesse d'environ 110 000 km/h. Elle se trouve à environ 150 millions de km du Soleil et il lui faut exactement 365,256 jours (une année terrestre) pour faire le tour du Soleil.

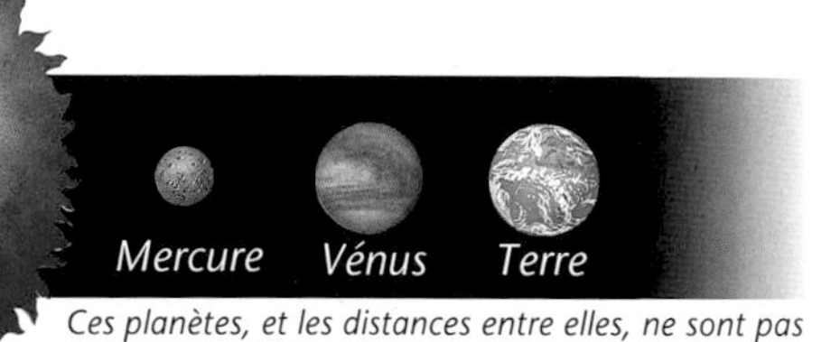

Ces planètes, et les distances entre elles, ne sont pas représentées à l'échelle.

La vie sur Terre

Grâce à la distance de la Terre au Soleil, la température terrestre est telle que l'eau peut exister à l'état liquide, et pas seulement à celui de glace ou de vapeur d'eau. La Terre possède aussi une atmosphère respirable. Plantes et animaux ont besoin de ces deux éléments pour vivre.

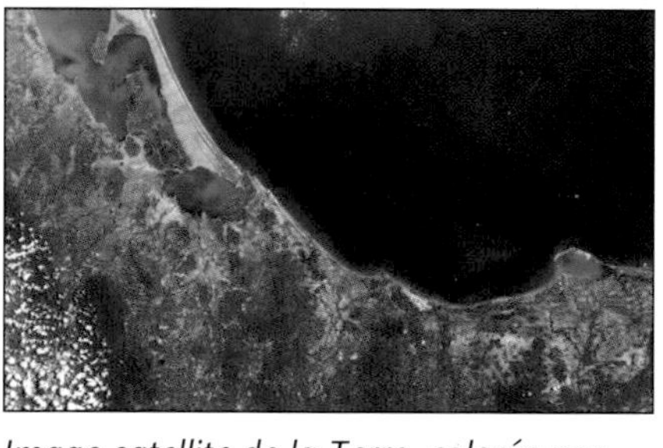

Image-satellite de la Terre, colorée par ordinateur. L'eau, qui permet aux êtres vivants d'exister sur Terre, est en bleu. Les forêts sont en rouge et celles qui ont été abattues, en vert.

L'atmosphère

L'atmosphère qui entoure la Terre se compose de différents gaz. Elle est formée de plusieurs couches. L'oxygène, qui permet aux êtres vivants de respirer, en constitue environ 20 %.

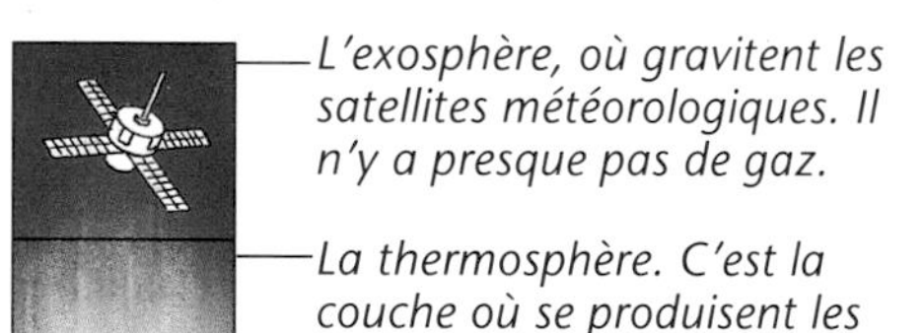

L'exosphère, où gravitent les satellites météorologiques. Il n'y a presque pas de gaz.

La thermosphère. C'est la couche où se produisent les aurores polaires (voir p. 15).

La mésosphère. C'est là que brûlent les étoiles filantes.

La stratosphère, où volent les avions à réaction. Elle contient la couche d'ozone qui protège des rayons nocifs du Soleil.

La troposphère. C'est là que se produit le temps.

À l'intérieur de la Terre

Comme Mercure, Vénus et Mars, la Terre se compose d'une croûte rocheuse et d'un noyau solide en métal. Entre les deux se trouvent différentes couches.

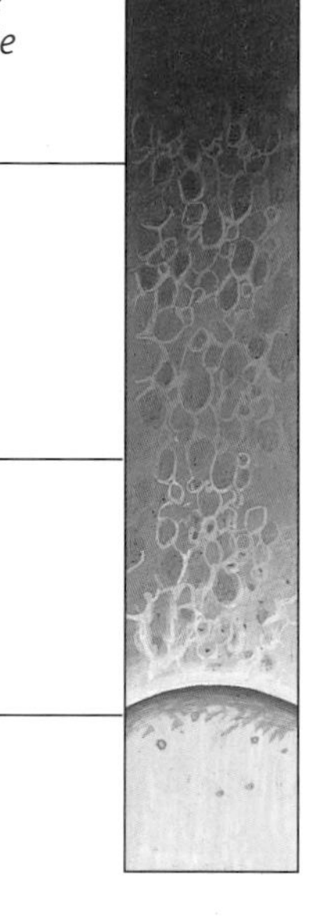

La croûte. Cette couche est rocheuse et mesure au maximum 50 km de profondeur.

Le manteau. Cette couche est en partie liquide. Elle contient 67 % de la masse terrestre.

Le noyau extérieur. Cette couche liquide est en mouvement constant.

Le noyau intérieur. Cette couche solide est composée en grande partie de fer.

La croûte terrestre est composée d'éléments distincts, appelés plaques, qui se frottent les unes contre les autres. Elles sont en mouvement constant, et provoquent parfois des tremblements de terre aux endroits où elles se touchent.

Pour trouver ces sites, va sur **www.usborne-quicklinks.com/fr**

* Notre planète la Terre : infos, photos, nouvelles.
* La Terre vue de l'espace... grâce aux satellites qui gravitent autour de notre planète.

De l'espace à la Terre

À l'heure actuelle, les connaissances concernant notre planète augmentent sans cesse grâce aux informations envoyées par les satellites et les stations spatiales.

Les météorologistes utilisent par exemple l'information recueillie par les satellites pour prévoir le temps et donc prévenir le public en cas de risques météorologiques.

Les satellites nous renseignent également sur la surface terrestre. Certaines zones généralement difficiles à voir, tel le plancher océanique, peuvent désormais être examinées en détail.

Image-satellite des nuages d'un ouragan s'approchant de la côte est des États-Unis.

Cette image-satellite montre les arêtes qui traversent le plancher océanique entre l'Amérique du Sud et l'Afrique.

La Terre en danger

À mesure que la population du monde augmente, nous exploitons une proportion croissante du sol, et nos véhicules à moteur et nos industries causent de plus en plus de pollution. Ces activités endommagent les terres, les océans et l'atmosphère.

Les aliments, l'eau, l'électricité ainsi que les matériaux que nous utilisons dans notre vie quotidienne proviennent tous de notre planète. Il faut donc la protéger. Pour cela, il faut réduire la pollution et les déchets, protéger la nature et recycler les matériaux usagés.

L'image-satellite qui se trouve au bas de ces deux pages représente l'Europe, une partie de l'Afrique et le golfe Persique.

LA LUNE

La Lune tourne autour de la Terre. Elle se trouve à environ 384 000 km. La plupart des satellites sont très petits par rapport aux planètes autour desquelles ils tournent, contrairement au nôtre, la Lune, dont la taille est environ le quart de celle de la Terre.

Voici à quoi ressemble la Terre, vue de la Lune.

L'effet de la Terre

Il faut autant de temps à la Lune pour tourner sur elle-même que pour tourner autour de la Terre. La gravité terrestre ralentit la rotation de la Lune, donc nous en voyons toujours la même face.

La Lune tourne sur elle-même en gravitant autour de la Terre.

En 1969, pour la première fois dans l'Histoire, des hommes de la mission spatiale américaine Apollo 11 marchaient sur la Lune.

Un astronaute d'Apollo sur la Lune

D'énormes cratères

La photographie ci-dessus représente Copernicus, un des cratères de la Lune. Il est si grand qu'une ville de la taille de Londres pourrait y tenir.

Les cratères de la Lune ont été creusés par l'impact de météorites. La nuit, par temps clair, quand la Lune est pleine, les grands cratères comme Copernicus sont visibles à l'œil nu.

Les cratères de la Lune sont souvent entourés de lignes pâles, les rayons. Ceux-ci sont formés par la poussière qui a rejailli lorsque les météorites ont touché le sol.

Des mers sur la Lune

On voit de nombreuses taches sombres sur la surface de la Lune. Ce sont des étendues plates de lave qui a refroidi et s'est solidifiée. Cette lave a jailli à l'origine de volcans.

De la Terre, ces zones plates ressemblent à des mers. Les astronomes les appelaient autrefois *mares* (prononcé maresse, « mers » en latin).

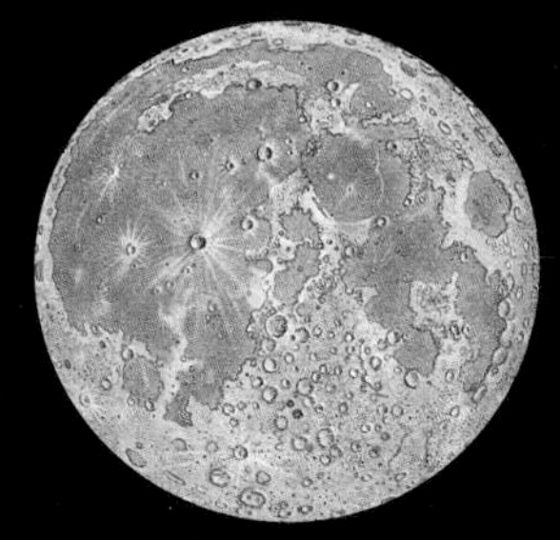

Les taches sombres de la surface lunaire sont les mers.

Des montagnes

La surface lunaire est très montagneuse. La chaîne la plus élevée s'appelle les Apennins. L'un de ses pics est presque aussi haut que le mont Everest (8 848 m), la montagne terrestre la plus élevée.

Pour trouver ce site, va sur **www.usborne-quicklinks.com/fr**

★ La conquête de la Lune : la fusée, le voyage, le programme Apollo.

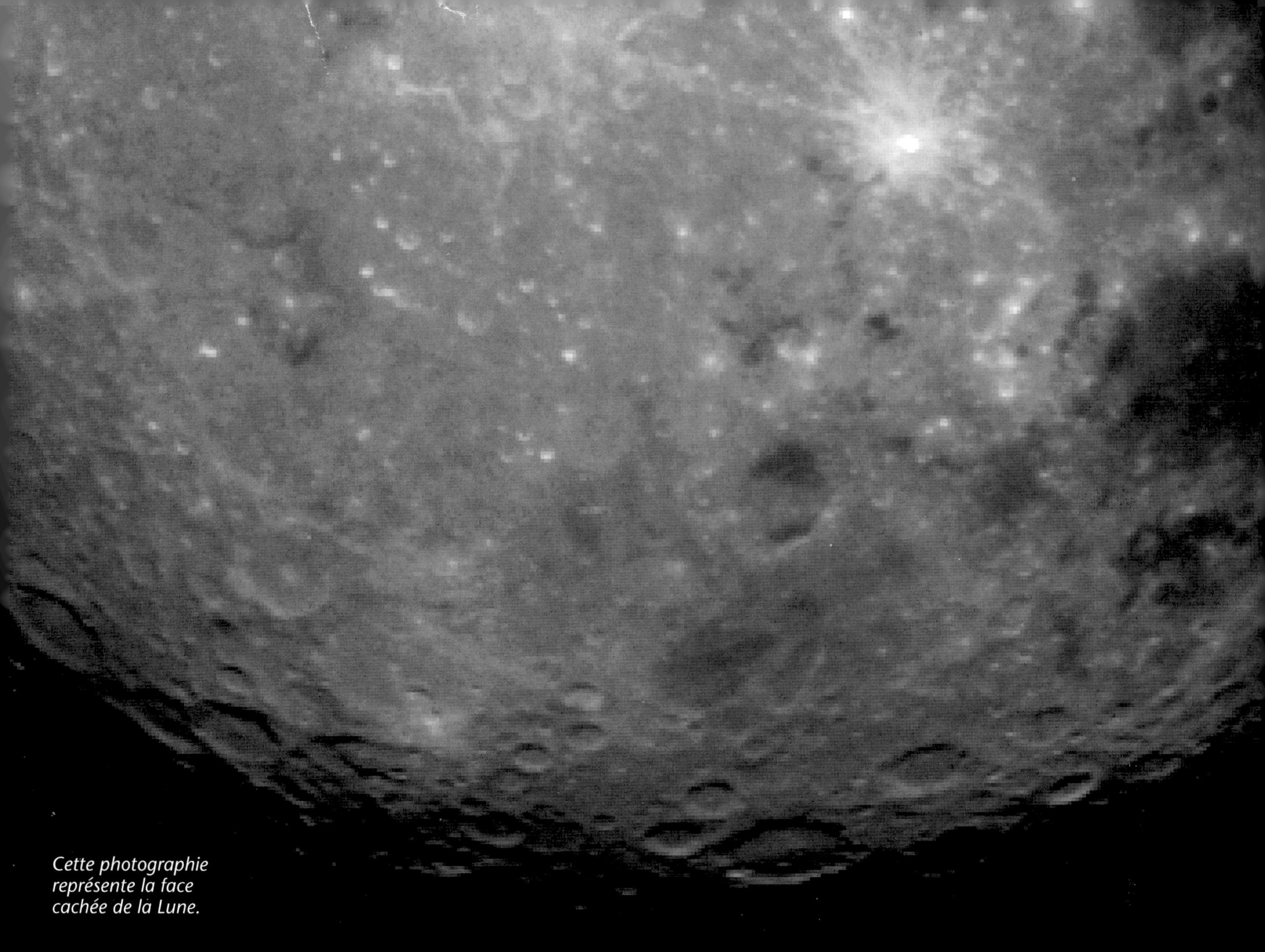

Cette photographie représente la face cachée de la Lune.

Les températures

Sur la Terre, l'atmosphère fait office de toit. Pendant la journée, elle protège notre planète des températures trop élevées. La nuit, elle empêche la chaleur de s'échapper.

La Lune n'a pas d'atmosphère protectrice. Les rayons du Soleil peuvent faire monter la température à 117 °C, ce qui est plus chaud que l'eau bouillante.

Quand le Soleil ne brille pas sur la Lune, la température descend parfois à -163 °C. Il ne fait jamais aussi froid sur Terre.

Les phases de la Lune

La Lune ne produit pas de lumière, mais elle reflète les rayons du Soleil. Elle brille parfois assez fort dans le ciel nocturne.

La forme de la Lune semble changer de nuit en nuit. En réalité, c'est l'éclairage de la Lune par le Soleil qui varie durant sa rotation autour de la Terre. Ces formes différentes sont les phases de la Lune.

Il faut 28 jours à la Lune pour tourner autour de la Terre. Le diagramme ci-contre représente les phases de la Lune.

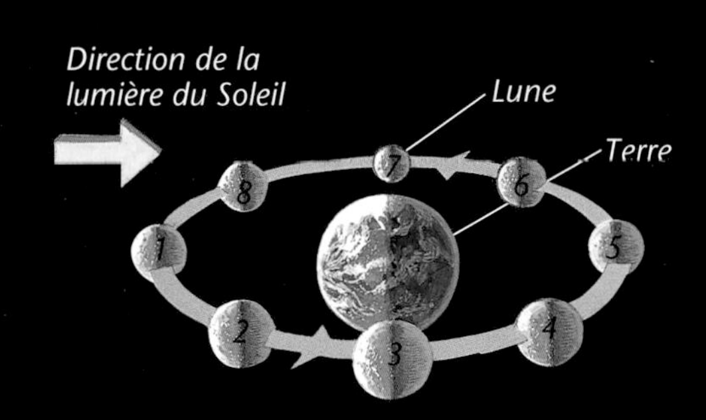

Les illustrations ci-dessous représentent la Lune vue de la Terre quand elle se trouve dans chacune des positions numérotées ci-dessus.

1. Nouvelle lune
2. Premier croissant
3. Premier quartier
4. Lune gibbeuse
5. Pleine lune
6. Lune gibbeuse
7. Dernier quartier
8. Dernier croissant

Pour trouver ce site, va sur **www.usborne-quicklinks.com/fr**
★ Tu peux voir ici quelques images des missions Apollo.

MARS

Mars est la quatrième planète à partir du Soleil et gravite autour de lui à environ 228 millions de km. Mars met près de 687 jours pour tourner autour du Soleil. C'est presque deux fois le temps mis par la Terre.

Ces planètes, et les distances entre elles, ne sont pas représentées à l'échelle.

La taille de Mars est seulement la moitié de celle de la Terre.

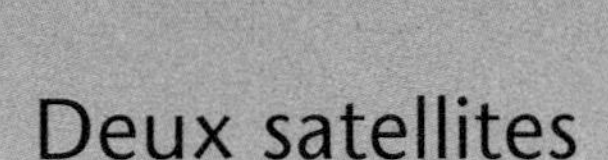

L'aspect de Mars

Mars est visible à l'œil nu. Elle ressemble à une étoile brillante, d'un rouge orangé. On ne peut distinguer son relief qu'avec un télescope puissant.

Deux satellites

Les satellites de Mars, Phobos et Deimos, sont tous deux sombres, poussiéreux et ont une forme irrégulière. Phobos tourne autour de Mars à tout juste 6 000 km et Deimos, à 20 000 km.

De nombreux scientifiques pensent que ces satellites de forme irrégulière sont en fait des astéroïdes captés par Mars il y a des millions d'années.

Deimos, le plus petit des satellites de Mars, mesure à son maximum environ 15 km de diamètre.

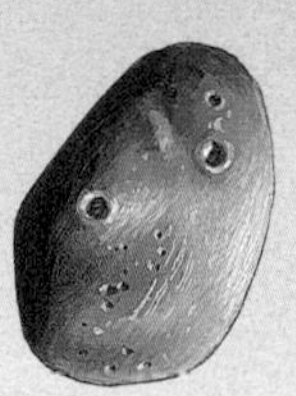

À son maximum, Phobos mesure 28 km de diamètre. Il possède un grand cratère de 5 km de large appelé Stickney.

Surface de Mars. Elle est froide, poussiéreuse et marquée de nombreux cratères et canyons.

En surface

Mars est une planète très poussiéreuse. Son sol contient de grosses quantités de fer, qui lui donne un aspect rouillé. De près, le paysage ressemble à des dunes de sable orange d'aspect morne, parsemées de milliers de rochers.

Des signes de vie ?

Les premières sondes spatiales ont photographié de profonds canaux sur Mars, qui indiquent que de l'eau devait jadis y couler, peut-être même sous forme de rivières et d'océans. L'eau est essentielle pour la vie des plantes et des animaux. S'il y a eu de l'eau sur Mars, il se peut alors que la planète ait abrité des êtres vivants.

Les photos prises récemment par la sonde Mars Global Surveyor laissent penser que de l'eau sous forme liquide existe peut-être encore sous la surface de Mars. La vie serait-elle donc présente sur la planète rouge ?

Il est possible que, dans ce canal martien, ait autrefois coulé une rivière.

Ce coucher de soleil sur Mars a été pris durant la mission Mars Pathfinder.

Météorite martienne

En 1984, une météorite a atterri sur Terre. Cette météorite a été analysée par des scientifiques en 1996. Ils ont décidé qu'elle provenait presque certainement de Mars, étant donné la composition chimique de la roche.

Des scientifiques affirment que cette météorite contient des fossiles d'organismes microscopiques semblables à des bactéries qui vivaient il y a des millions d'années. Si cette hypothèse est juste, il y aurait eu autrefois des formes de vie simples sur Mars.

Mariner 4

D'autres scientifiques doutent toutefois du bien-fondé de cette théorie. Ils affirment que ces restes ne sont pas ceux d'êtres vivants, mais d'autres matières chimiques.

L'étude de Mars

Dans les années 1970, les sondes Viking ont renvoyé vers la Terre des photographies détaillées de la surface de Mars.

En juillet 1997, la sonde Mars Pathfinder a atterri sur Mars. Elle transportait un véhicule télécommandé, le rover, qui a parcouru la surface de la planète et a pris des photos des roches.

Depuis, d'autres sondes ont été envoyées sur Mars. Deux ont échoué dans leur mission, mais la sonde Mars Global Surveyor a fait de nombreuses découvertes passionnantes.

Le rover, appelé Sojourner, qui a parcouru la surface de Mars.

JUPITER

Jupiter est la plus grande planète du système solaire. Elle tourne autour du Soleil à une distance de 778 millions de km. Elle est si grosse qu'elle pourrait contenir plus de 1 000 planètes de la taille de la Terre. Les astronomes ont compté 28 satellites autour de Jupiter, mais il en existe peut-être d'autres.

Ces planètes, et les distances entre elles, ne sont pas représentées à l'échelle.

La sonde spatiale Galileo a permis de faire une étude détaillée de Jupiter.

De grosses boules de gaz

Jupiter est l'une des quatre planètes composées principalement de gaz. Les autres sont Saturne, Uranus et Neptune. On les a surnommées les géantes gazeuses.

Jupiter est si grande qu'elle exerce une force d'attraction énorme sur les objets qui l'entourent. Les astéroïdes et les météoroïdes qui passent à proximité sont captés dans son atmosphère. Jupiter est comme un gigantesque aspirateur, qui retient les débris de l'espace.

L'aspect de Jupiter

Après le Soleil, la Lune et Vénus, Jupiter est l'objet le plus brillant du ciel. À l'œil nu, elle a l'aspect d'une étoile brillante. Avec un bon télescope, on peut voir ses bandes de nuages teintés et la célèbre grande tache rouge.

La grande tache rouge

La grande tache rouge est une immense tempête de 8 km de hauteur, de 40 000 km de long et de 14 000 km de largeur. Le vent y souffle à 500 km/h.

En se déplaçant, cette tache absorbe d'autres tempêtes. Mais elle diminue. Elle est moitié moins grande qu'il y a 100 ans.

La grande tache rouge de Jupiter

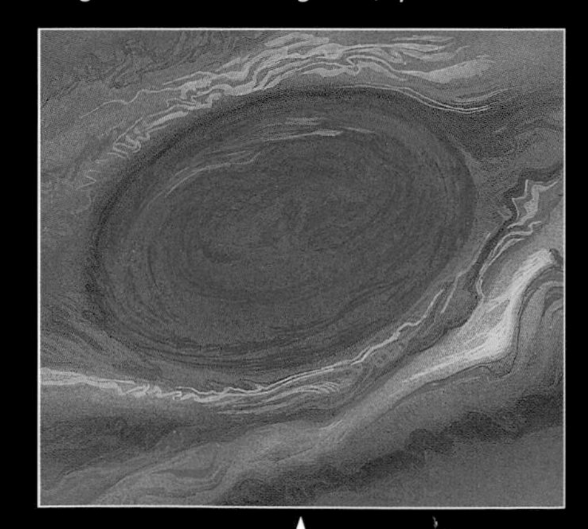

Des sondes sur Jupiter

Plusieurs sondes spatiales ont été envoyées sur Jupiter.

Pioneer 10

La première, Pioneer 10, a été lancée par les États-Unis en 1972. Elle a atteint Jupiter en 1973 et a renvoyé sur Terre des images sensationnelles des nuages de Jupiter.

Les sondes Voyager

En 1979, les sondes Voyager ont découvert que Jupiter a trois anneaux indistincts, trop ténus pour être vus de la Terre.

Galileo

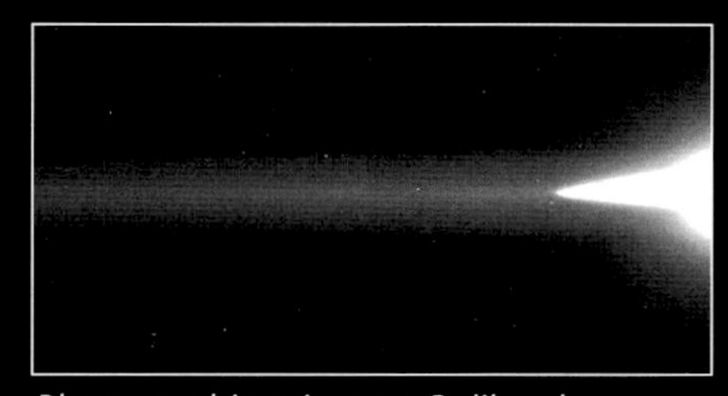

Photographie prise par Galileo de l'anneau extérieur flou de Jupiter, appelé gossamer.

Depuis 1995, la sonde spatiale Galileo étudie Jupiter en détail. Elle a envoyé une minisonde dans son atmosphère. Cette sonde a permis de constater que les vents de Jupiter soufflent bien plus fort que ceux de la Terre. Galileo a également pris des milliers de photos en gros plan des fascinants satellites de Jupiter.

Pour trouver ce site, va sur **www.usborne-quicklinks.com/fr**
★ Une fiche complémentaire sur la planète Jupiter.

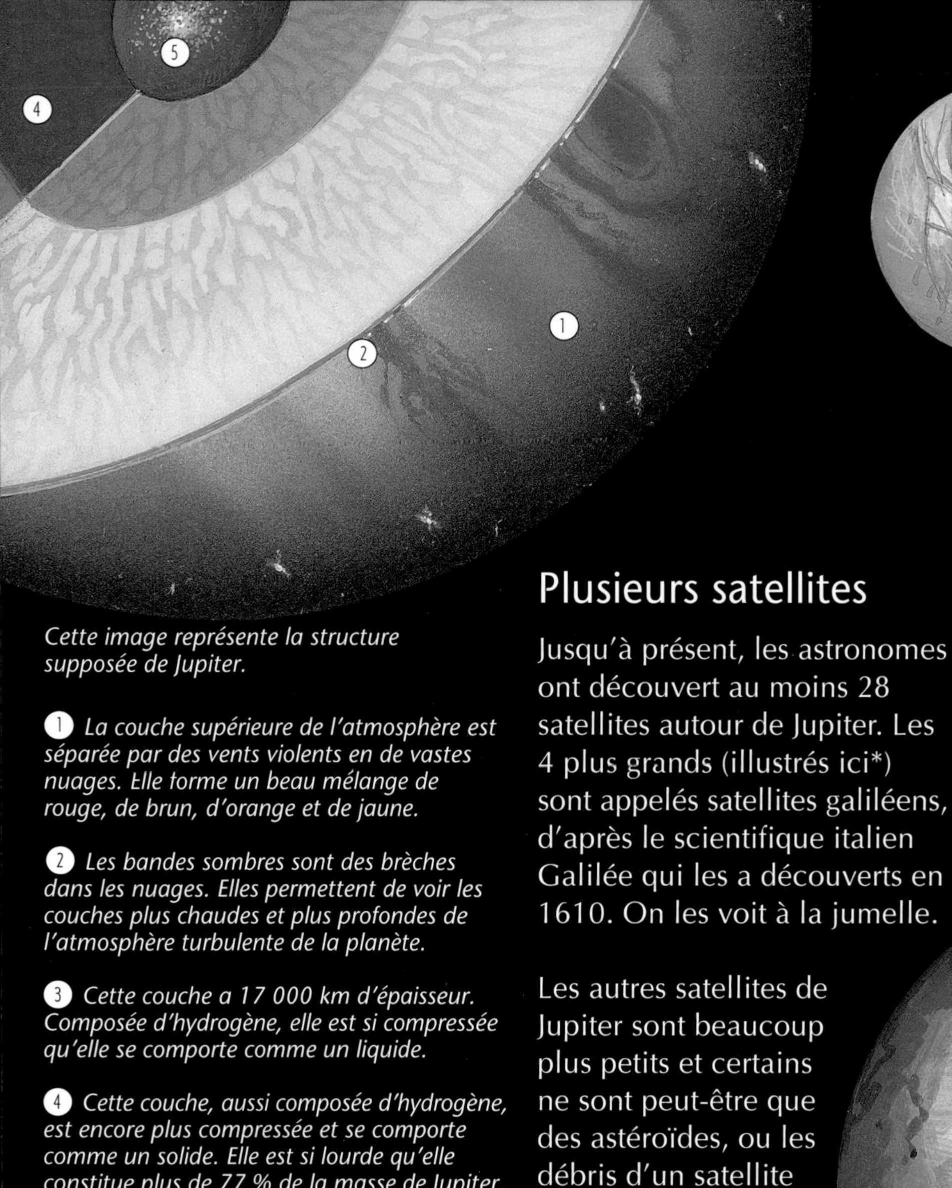

Cette image représente la structure supposée de Jupiter.

➊ *La couche supérieure de l'atmosphère est séparée par des vents violents en de vastes nuages. Elle forme un beau mélange de rouge, de brun, d'orange et de jaune.*

➋ *Les bandes sombres sont des brèches dans les nuages. Elles permettent de voir les couches plus chaudes et plus profondes de l'atmosphère turbulente de la planète.*

➌ *Cette couche a 17 000 km d'épaisseur. Composée d'hydrogène, elle est si compressée qu'elle se comporte comme un liquide.*

➍ *Cette couche, aussi composée d'hydrogène, est encore plus compressée et se comporte comme un solide. Elle est si lourde qu'elle constitue plus de 77 % de la masse de Jupiter.*

➎ *Le noyau est solide et rocheux. Il est un peu plus gros que la Terre.*

Ganymède est le plus grand satellite du système solaire. Sa taille dépasse celle de Mercure.

Plusieurs satellites

Jusqu'à présent, les astronomes ont découvert au moins 28 satellites autour de Jupiter. Les 4 plus grands (illustrés ici*) sont appelés satellites galiléens, d'après le scientifique italien Galilée qui les a découverts en 1610. On les voit à la jumelle.

Les autres satellites de Jupiter sont beaucoup plus petits et certains ne sont peut-être que des astéroïdes, ou les débris d'un satellite qui aurait été détruit.

Europe. Il se peut que sous la croûte glacée se trouve un océan profond abritant des formes de vie simples. Selon les scientifiques, les satellites de Jupiter sont plus susceptibles de renfermer des formes de vie que tout autre corps du système solaire.

Callisto. Ce satellite est composé en grande partie d'une boule de glace poussiéreuse. Il est criblé de centaines de cratères, qui le font ressembler à notre Lune.

Io (ci-dessous) est couvert de volcans qui déversent du soufre à la surface.

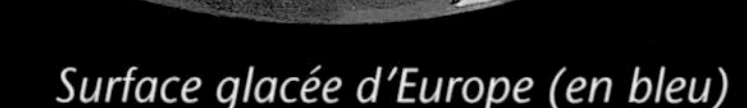

Surface glacée d'Europe (en bleu)

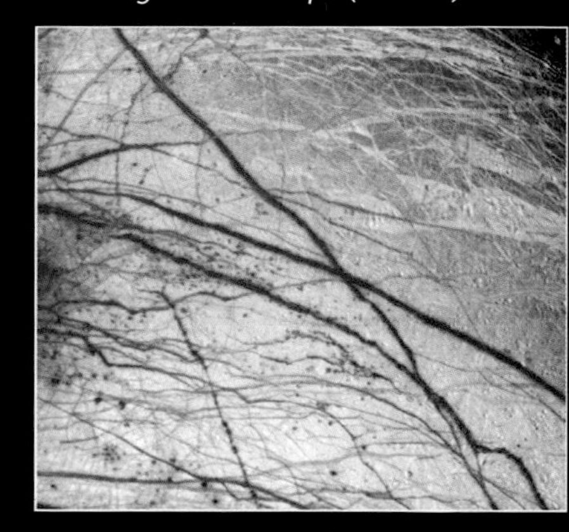

**Les satellites galiléens ne sont pas représentés à l'échelle.*

SATURNE

Terre

Saturne est la deuxième planète la plus grande du système solaire. On l'appelle souvent la planète aux anneaux parce qu'elle est entourée d'anneaux distinctifs de poussières et de roches. Située à environ 1,427 milliards de km du Soleil, Saturne met 29 années terrestres pour en faire le tour.

Cette image de Saturne a été prise par le télescope spatial Hubble et renvoyée à travers l'espace. Compare la taille de Saturne à celle de la Terre, au-dessus.

Ces planètes, et les distances entre elles, ne sont pas représentées à l'échelle.

En deuxième place

Saturne est plus petite que Jupiter, mais elle est quand même gigantesque. Elle mesure exactement 116 464 km de diamètre, soit neuf fois celui de la Terre.

Une géante gazeuse

De même que Jupiter, Saturne est une géante gazeuse. Elle est composée principalement d'hydrogène. Son atmosphère contient aussi beaucoup d'hélium, un gaz très léger. C'est ce qui fait de Saturne une planète relativement légère. En fait, si on trouvait un océan assez grand pour l'y mettre, elle flotterait.

Les astronomes pensent qu'à l'intérieur, Saturne ressemble à Jupiter.

À toute vitesse

Saturne met seulement 10 heures pour tourner sur elle-même. Cette rapidité fait que les gaz de son atmosphère sont repoussés vers son équateur, la ligne imaginaire qui traverse le milieu de Saturne.

Saturne est renflée à son équateur.

Cette accumulation de gaz lui donne une forme renflée au milieu. On la distingue même avec un télescope d'amateur.

Les satellites de Saturne

Les astronomes savent que Saturne possède au moins 24 satellites. En voici quelques-uns.

Mimas, qui a 390 km de diamètre, est couvert de cratères. L'impact qui a creusé son cratère le plus grand l'a presque détruit. On l'a surnommé « Étoile de la mort ».

Encelade est légèrement plus grand que Mimas et beaucoup plus lisse. Un grand nombre de ses cratères sont recouverts de glace.

Téthys possède d'énormes cratères et de longues vallées. La plus longue, Ithaca, mesure 2 000 km. Son cratère le plus grand, Odysseus, mesure 400 km de diamètre.

Titan, le plus gros satellite de Saturne, est encore plus gros que Mercure. En 2004, la sonde Cassini l'atteindra et étudiera sa surface pour y rechercher des traces de vie.

Premières observations

Les premiers astronomes, disposant de télescopes rudimentaires, ne voyaient pas très clairement les anneaux de Saturne. En fait, quand Galilée, l'astronome italien du XVIIe siècle, les a vus pour la première fois, il a pensé qu'il s'agissait de trois planètes alignées. Il a conclu par la suite que Saturne était entourée d'anneaux.

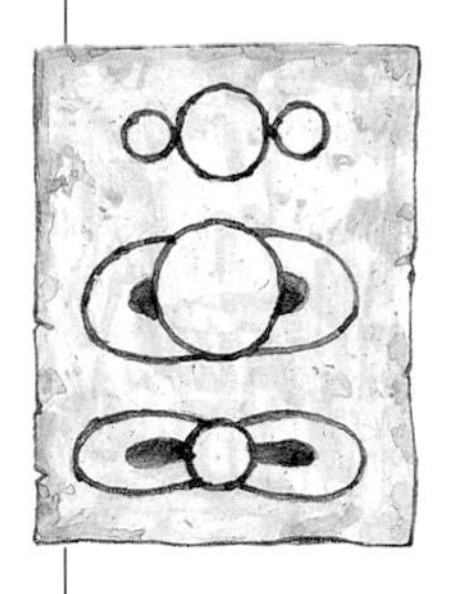

Dessins exécutés par Galilée après ses premières observations de Saturne. Ils montrent comment il a pris les anneaux pour des planètes.

Cette image étonnante des anneaux de Saturne prise par Voyager 2 a été téléchargée de l'un des sites Web de la Nasa, sur Internet.

Les anneaux de Saturne

Les sondes spatiales ont permis d'obtenir une foule d'informations sur les anneaux de Saturne. La première sonde spatiale à visiter Saturne se nommait Pioneer 11. En 1979, elle a transmis à la Terre des photographies de Saturne. Les expéditions Voyager ont permis d'en apprendre encore plus.

★ Les anneaux de Saturne ont seulement 1 km d'épaisseur environ. Ils se composent de corps allant de grains de poussière à d'énormes rochers glacés.

Pioneer 11

★ Les anneaux qui sont visibles de la Terre sont en fait composés de milliers d'anneaux plus petits. Les deux anneaux extérieurs sont torsadés comme les brins d'une ficelle.

★ Les particules des anneaux extérieurs sont maintenues en place par les actions conjuguées de la gravité de Saturne et de celle de petits satellites, appellés satellites bergers.

★ Des nuages de fines poussières, ressemblant aux rayons d'une roue, tournent autour de Saturne au-dessus de l'un de ses anneaux. Il est maintenant possible de les voir avec un télescope puissant.

Des anneaux qui disparaissent

De la Terre, en tournant autour du Soleil, l'apparence de Saturne varie : Saturne est légèrement inclinée (tout comme la Terre et la plupart des autres planètes), de même que ses anneaux.

Quand l'angle d'inclinaison de Saturne fait face à la Terre, les anneaux disparaissent presque entièrement.

Quand le haut de Saturne est tourné vers nous, les anneaux ont cette apparence.

Quand le haut de Saturne est tourné loin de nous, les anneaux ont cette apparence.

Pour trouver ce site, va sur **www.usborne-quicklinks.com/fr**

★ Tu peux ici te documenter sur la planète Saturne.

URANUS

Uranus, la septième planète à partir du Soleil, se trouve à environ 2,871 milliards de km de lui. Elle met un peu plus de 84 années terrestres pour tourner autour du Soleil. Elle a été reconnue comme planète par l'astronome britannique William Herschel en 1781.

Ariel

Ces planètes, et les distances entre elles, ne sont pas représentées à l'échelle.

Apercevoir Uranus

Quand elle atteint sa brillance maximale, on l'aperçoit à l'œil nu, si on sait où regarder. Comme les autres planètes, elle semble cependant changer de position parmi les étoiles. Elle ressemble à une étoile, mais elle ne scintille pas.

Drôle de rotation

Uranus tourne sur le côté. Elle est la seule planète à le faire. Beaucoup d'astronomes expliquent cette rotation inhabituelle par une collision avec un objet de la taille d'une planète qui se serait produite il y a des millions d'années.

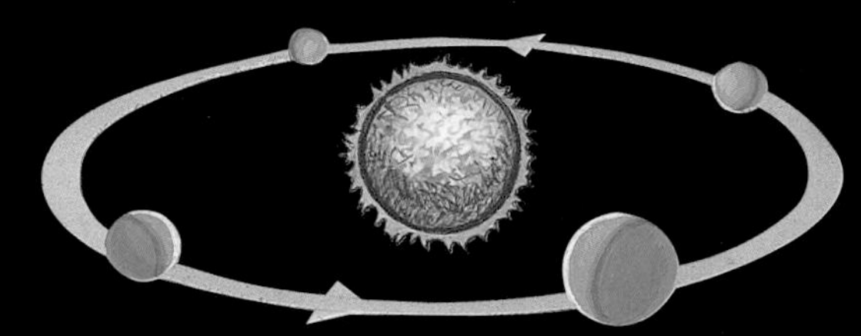

Ce schéma représente Uranus qui gravite autour du Soleil en roulant sur le côté.

Les anneaux d'Uranus

Comme Saturne et Jupiter, Uranus possède des anneaux. On les a découverts de la Terre pour la première fois en 1977. Puis, en 1986, ils ont été photographiés et mesurés par la sonde spatiale Voyager. Ils se composent principalement de poussière. La poussière de l'anneau extérieur est particulièrement sombre.

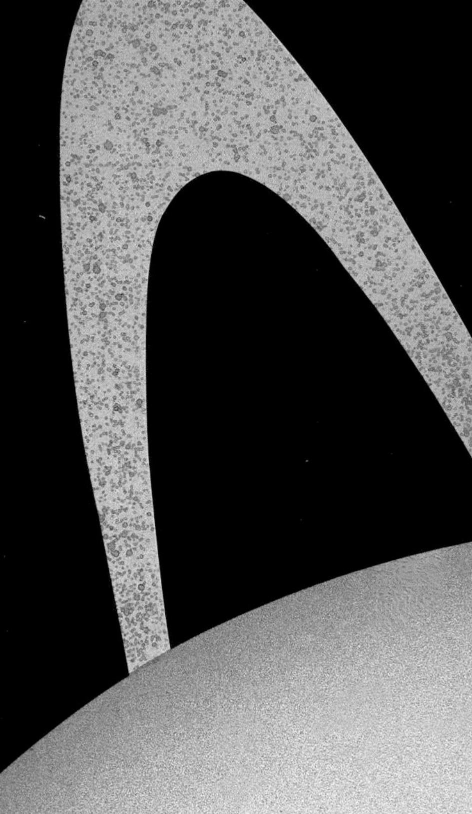

Uranus

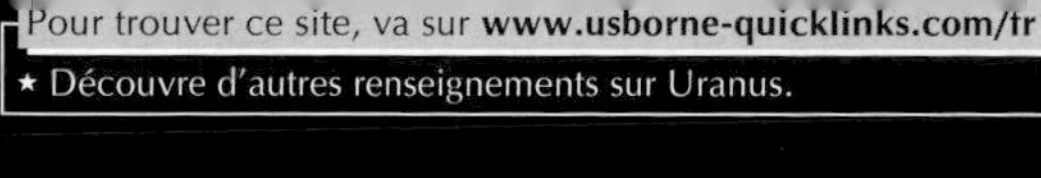

Umbriel

Titania

Obéron

La composition d'Uranus

L'atmosphère d'Uranus se compose surtout d'hydrogène, accompagné d'hélium et de faibles quantités d'autres gaz. L'atmosphère supérieure contient beaucoup d'hélium, qui donne une couleur bleu-vert à Uranus. Elle possède un noyau rocheux de petite taille.

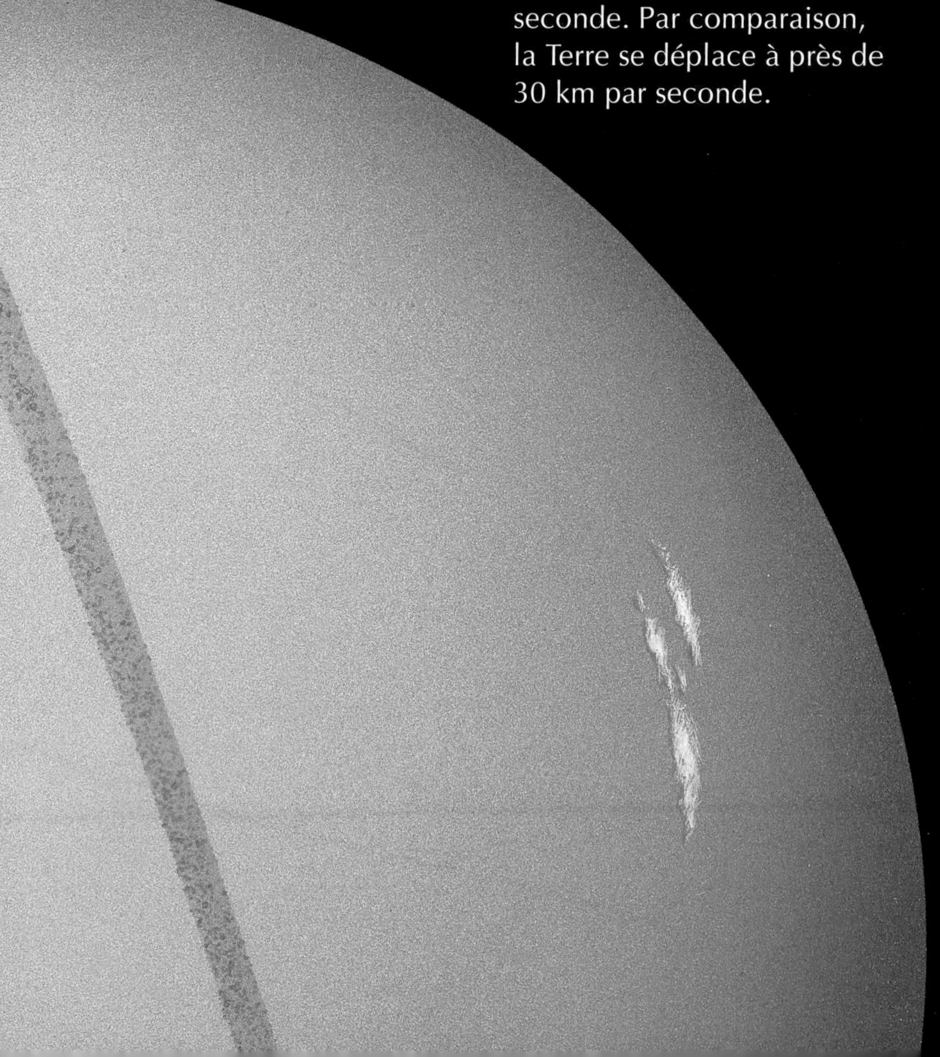

Rotation et révolution

Uranus tourne rapidement sur elle-même et met 18 heures pour faire un tour complet. La Terre met 24 heures pour faire un tour complet mais, comme Uranus est beaucoup plus grande, la couche supérieure de ses nuages tourne bien plus vite que celle de la Terre.

Autour du Soleil, Uranus se déplace à environ 7 km par seconde. Par comparaison, la Terre se déplace à près de 30 km par seconde.

Les satellites d'Uranus

Uranus possède au moins 21 satellites, mais il en existe peut-être encore d'autres.

Ses cinq satellites les plus grands sont représentés ci-dessus. Ariel et Umbriel sont tous deux sombres et criblés de cratères, tandis que Titania possède de longues vallées profondes. Obéron, qui est mal connu, est aussi criblé de cratères. Miranda est une petite boule de glace irrégulière, de seulement 472 km de large. On pense qu'il aurait volé en éclats sous le choc d'une comète.

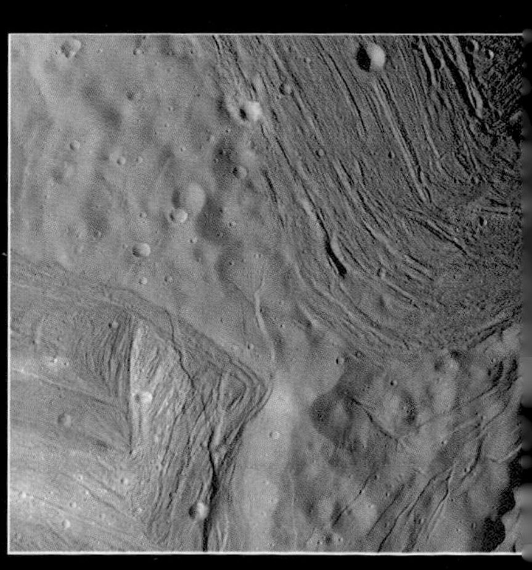

Ce relief strié (en bas à gauche) de Miranda s'appelle le Chevron.

NEPTUNE

C'est en 1846 que Neptune est reconnue comme planète par Johann Gottfried Galle, un astronome allemand. Neptune est la quatrième des géantes gazeuses. Elle est légèrement plus petite qu'Uranus. Sa rotation dure 16 heures.

Ces planètes, et les distances entre elles, ne sont pas représentées à l'échelle.

Une planète lointaine

Neptune est située à plus de 4,5 milliards de km du Soleil. Elle est si loin de lui qu'il lui faut près de 165 années terrestres pour en faire le tour.

Neptune n'est pas visible à l'œil nu et, à la jumelle, elle ressemble fort à une étoile. Même à l'aide d'un télescope puissant, on ne voit qu'un petit cercle bleuâtre.

Une inconnue

Étant donné son éloignement de notre planète, ce n'est que depuis peu que les astronomes ont pu examiner Neptune en détail. Ils pensaient qu'elle serait sans intérêt. Cependant, les photographies de Voyager 2 ont prouvé qu'elle ressemblait aux autres géantes gazeuses. Ainsi, des tempêtes violentes font rage à sa surface.

Des taches sombres

On voit des taches sombres sur Neptune. La plus grande, dite grande tache sombre, à peu près de la taille de la Terre, pourrait être une énorme tempête, telle la grande tache rouge de Jupiter.

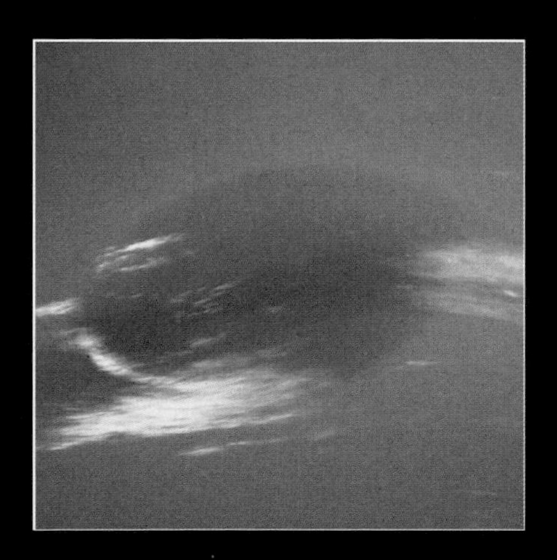

La grande tache sombre, que l'on voit sur la photo ci-dessus, a été découverte par la sonde Voyager 2 en 1989. Mais dans les années 90, le télescope spatial Hubble n'a pas pu la retrouver. On ne sait pas si elle a disparu pour toujours.

Photo de Neptune prise par la sonde spatiale Voyager 2, en 1989

Une planète bleue

La couleur bleuâtre de Neptune est due au méthane, le gaz qui constitue son atmosphère. Celle-ci contient également de l'hydrogène, de l'hélium et de l'eau.

Sous son atmosphère nuageuse, épaisse et dense, Neptune serait composée d'un mélange de roche en fusion, d'eau, d'ammoniac liquide et de méthane.

Pour trouver ce site, va sur **www.usborne-quicklinks.com/fr**

★ Tu peux ici en savoir plus sur Neptune.

Les satellites de Neptune

Neptune possède 8 satellites. Les plus gros sont Triton et Néréide. Triton est encore plus gros que la planète Pluton. Contrairement à la plupart des satellites, il tourne dans le sens opposé à la rotation de Neptune (voir ci-dessous).

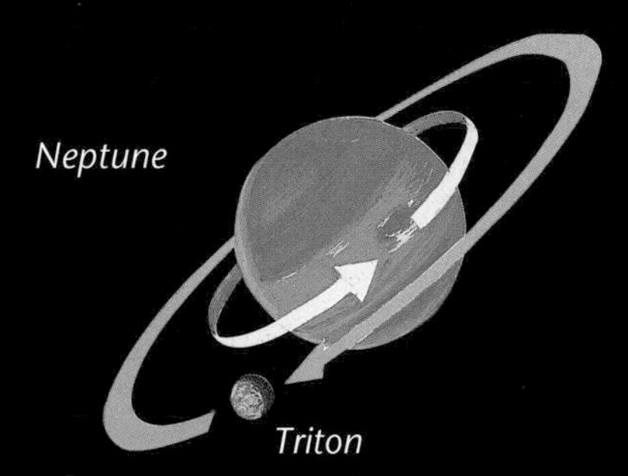

La surface de Triton est dans l'ensemble claire et lisse. Elle porte quelques traînées sombres ainsi que de la glace rose au pôle Sud. Son atmosphère est mince.

Cette photo de Triton représente la partie lisse de sa surface, à gauche, et une zone plus accidentée à droite. La photo a été prise par Voyager 2.

Une surface turbulente

De longs nuages étirés parcourent la surface de Neptune. Ils sont poussés par des vents qui sont les plus rapides du système solaire. Près de la grande tache sombre, leur vitesse atteint parfois 2 000 km/h.

Un de ces nuages tourne autour de Neptune une fois toutes les 16 heures. Les scientifiques l'ont baptisé le Scooter, à cause de la vitesse à laquelle il se déplace.

Ce que nous savons de Neptune provient en majeure partie de la sonde spatiale Voyager 2, qui l'a survolée en 1989. Cette sonde a découvert plusieurs anneaux incomplets autour de Neptune.

Pour trouver ce site, va sur **www.usborne-quicklinks.com/fr**

★ Un autre site sur Neptune, avec une galerie de photos.

PLUTON

La plupart du temps, Pluton est la planète la plus éloignée du Soleil. Mais à cause de son orbite ovale, elle est plus proche du Soleil que Neptune pendant 20 des 248 années de sa révolution. C'est ainsi que de 1979 à 1999, Neptune a été la planète la plus éloignée du Soleil.

Ces planètes, et les distances entre elles, ne sont pas représentées à l'échelle.

Lointaine et difficile à voir

La distance de Pluton au Soleil varie énormément : elle est de 4,425 milliards de km à son minimum et de 7,375 milliards de km à son maximum. Son éloignement la rend très difficile à voir de la Terre. En effet, même avec les télescopes terrestres les plus puissants, on n'aperçoit qu'un cercle minuscule sans marques de surface. Mais les photographies prises par le télescope spatial Hubble indiquent qu'elle ressemble peut-être à Triton, le satellite de Neptune. Son diamètre, d'environ 2 274 km, est légèrement inférieur à celui de Triton.

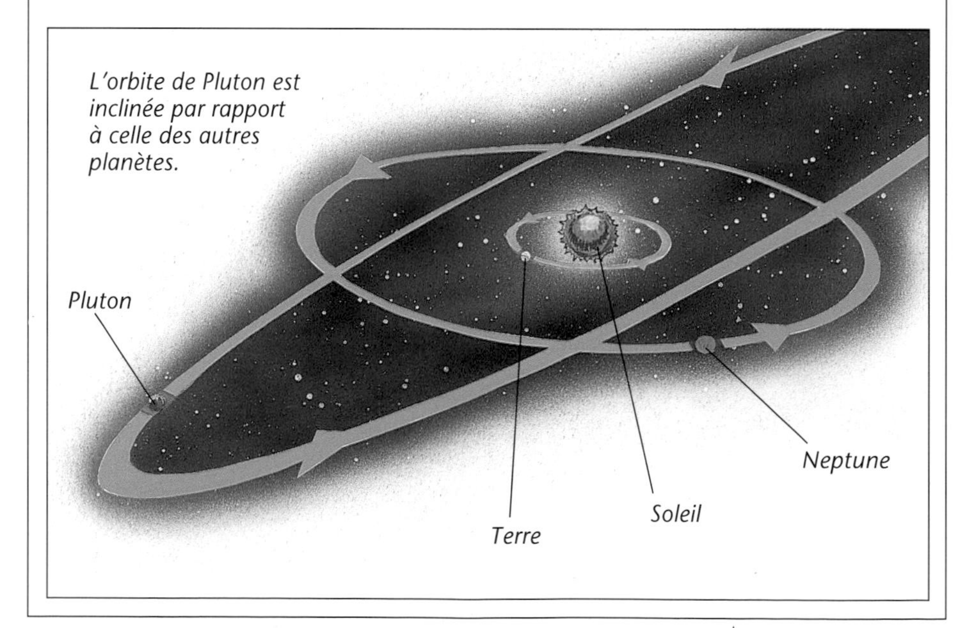

L'orbite de Pluton est inclinée par rapport à celle des autres planètes.

Trouver Pluton

La force d'attraction exercée par les planètes les unes sur les autres influence la forme de leur orbite. Avant de découvrir Pluton, les astronomes pensaient qu'Uranus et Neptune étaient attirées par une planète invisible, située au-delà de Neptune. Ils crurent l'avoir trouvée lorsque l'Américain Clyde Tombaugh découvrit Pluton en 1930.

Une autre planète ?

Mais à présent, les astronomes savent que Pluton est trop petite pour modifier les orbites d'Uranus et de Neptune de manière perceptible. Certains scientifiques pensent qu'il existe dans l'Univers une dixième planète, qui n'aurait pas encore été découverte. Cette mystérieuse planète a été baptisée planète X.

Pour trouver ce site, va sur **www.usborne-quicklinks.com/fr**

★ Tu peux ici te documenter sur la planète Pluton.

Pour trouver ce site, va sur **www.usborne-quicklinks.com/fr**
★ Deux rubriques, une sur Pluton et une sur son satellite Charon.

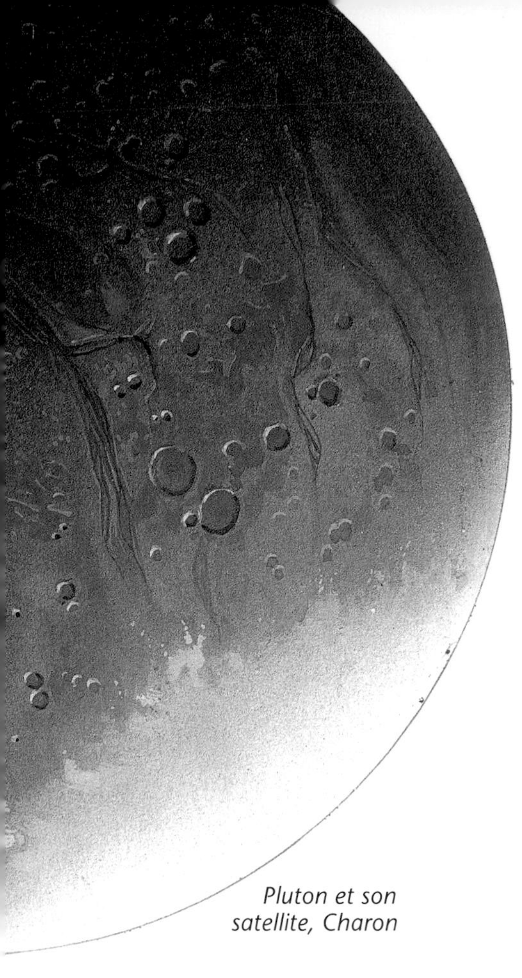
Pluton et son satellite, Charon

Le satellite de Pluton

Pluton n'a qu'un seul satellite, du nom de Charon. Il a été découvert en 1978 par des astronomes qui, en examinant une photo de Pluton, ont remarqué qu'elle paraissait étirée. Des photos plus détaillées ont montré qu'il s'agissait d'un grand satellite de Pluton.

Pour un satellite, Charon est d'une taille exceptionnelle. Il fait presque la moitié de Pluton. Pour cette raison, de nombreux astronomes pensent que Pluton et Charon sont en fait deux planètes.

Très proches

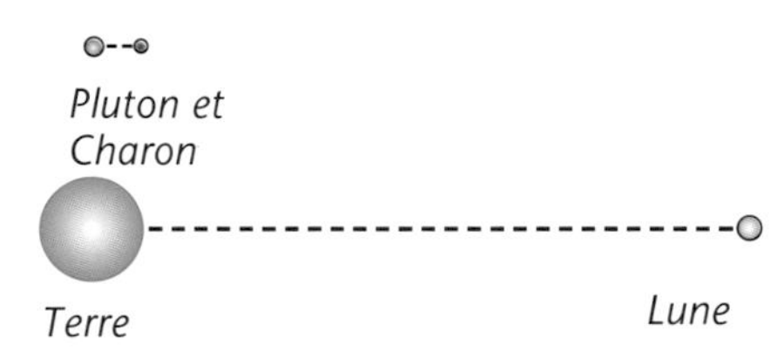

Par rapport aux distances spatiales, Pluton et Charon sont très proches. Il y a seulement 20 000 km entre eux. La Terre et la Lune sont distantes d'environ 384 000 km.

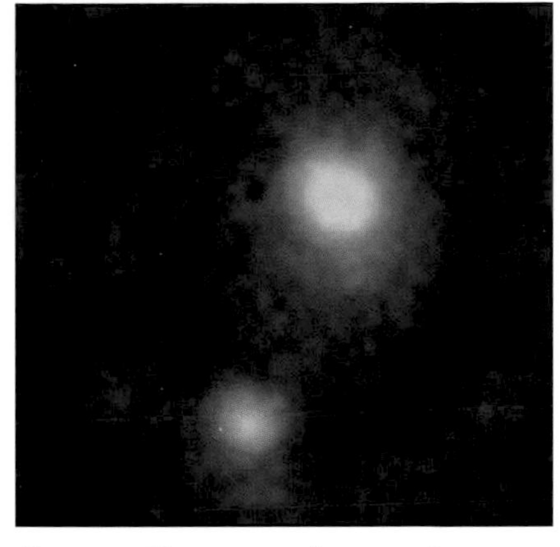
Pluton et Charon, vus à travers le télescope spatial Hubble

L'atmosphère de Pluton

Les photos indiquent que la surface de Pluton se compose de méthane et d'azote gelés. Elle a peut-être aussi une atmosphère mince. Ses pôles sont plus brillants que les autres régions.

Les scientifiques pensent que, comme Pluton s'éloigne du Soleil, son atmosphère va geler et en se solidifiant va tomber à la surface de la planète. La Nasa prévoit d'envoyer en 2006 une sonde qui étudiera l'atmosphère de Pluton avant qu'elle gèle. Elle atteindra la planète en 2015.

Une vraie planète ?

Récemment, des scientifiques ont mis en doute le fait que Pluton soit une vraie planète. Ils pensent qu'elle est trop petite et que son orbite n'est pas vraiment celle d'une planète. Ils estiment qu'elle devrait être classée dans la catégorie des astéroïdes. Mais d'autres ne sont pas d'accord.

Un grand nombre de petits corps glacés ont été découverts au-delà de Pluton. Ils font partie d'un anneau baptisé la ceinture de Kuiper.

Nombre d'astromones pensent à présent que la ceinture de Kuiper rend l'existence de la planète X moins probable : il est possible que ces petits objets produisent la force d'attraction exercée sur Uranus et Neptune.

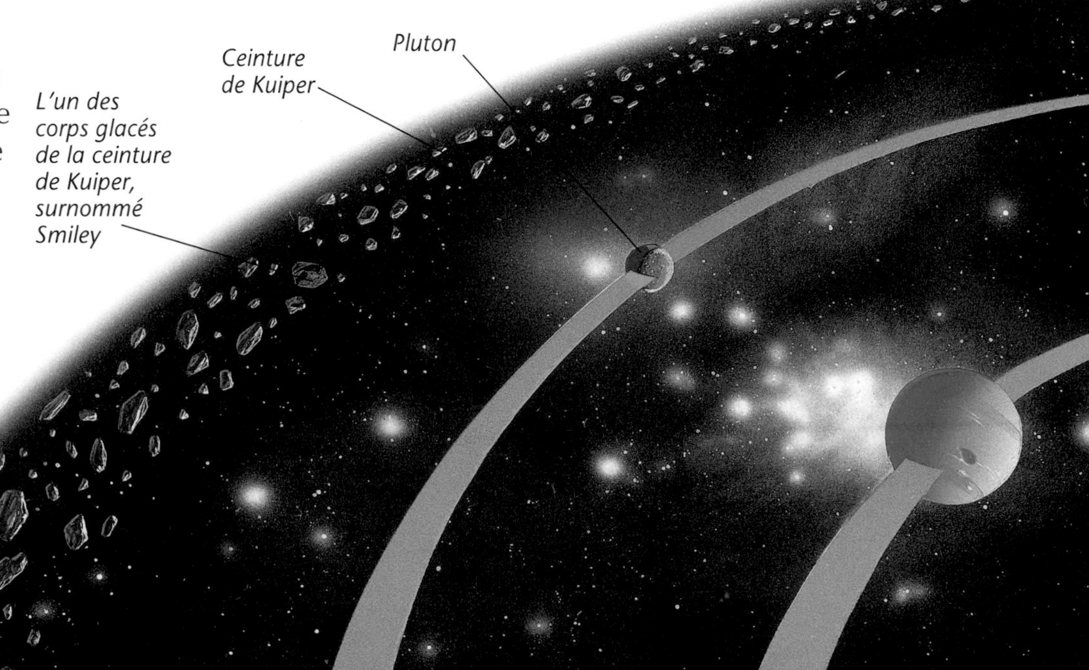

LES ASTÉROÏDES

Les astéroïdes sont de gros morceaux de roche et de métal. Les scientifiques pensent qu'il s'agit de résidus provenant de la formation du système solaire, il y a 5 milliards d'années.

Première découverte

En 1801, un astronome italien nommé Piazzi repéra un objet dans l'espace à l'aide de son télescope. Il crut d'abord qu'il s'agissait d'une petite planète, qu'il baptisa Cérès.

Bientôt, d'autres astronomes remarquèrent des objets semblables, qui brillaient dans la nuit comme des étoiles peu lumineuses. Ils les baptisèrent astéroïdes, ce qui veut dire « semblables à des étoiles ».

Premier gros plan

Les premiers gros plans d'un astéroïde ont été pris en 1991 par la sonde spatiale Galileo. Les images ont montré que l'astéroïde, appelé Gaspra, mesure plus de 20 km de diamètre. De forme irrégulière, sa surface est criblée de cratères. En 2001, la sonde NEAR a atterri sur un autre astéroïde, Éros, après avoir tourné autour pendant un an.

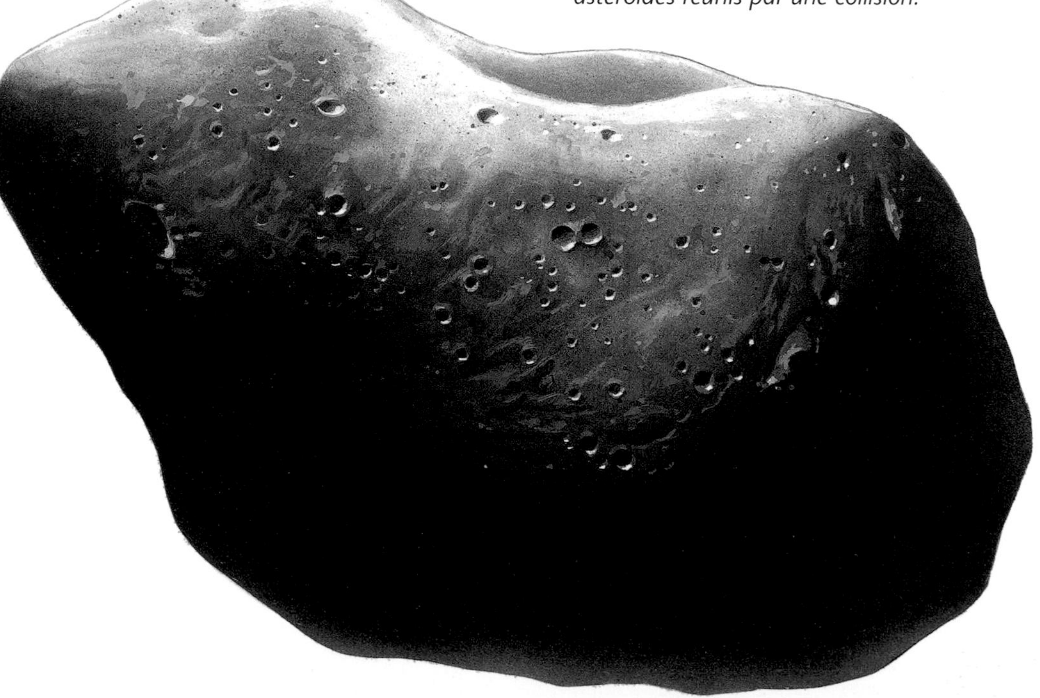

Grâce à la sonde spatiale Galileo, on sait que Gaspra est d'un brun rougeâtre foncé, semé de taches plus claires de gris et de bleu. Il s'agit peut-être de deux astéroïdes réunis par une collision.

Astéroïdes meurtriers

En de très rares occasions, les astéroïdes percutent la Terre, creusant de grands cratères. Les scientifiques pensent qu'un énorme astéroïde s'est écrasé sur la Terre il y a 65 millions d'années, causant plus de dégâts que 1 000 bombes atomiques.

On pense que le site de l'impact se trouve au cratère de Chicxulub, au Mexique.*

Il se peut que la force de cet astéroïde ait causé des raz-de-marée, et sur terre, des incendies qui ont caché la lumière solaire pendant des années. Beaucoup d'espèces de plantes et d'animaux, dont les dinosaures, auraient alors disparu.

*prononcé « tchic-chou-loub »

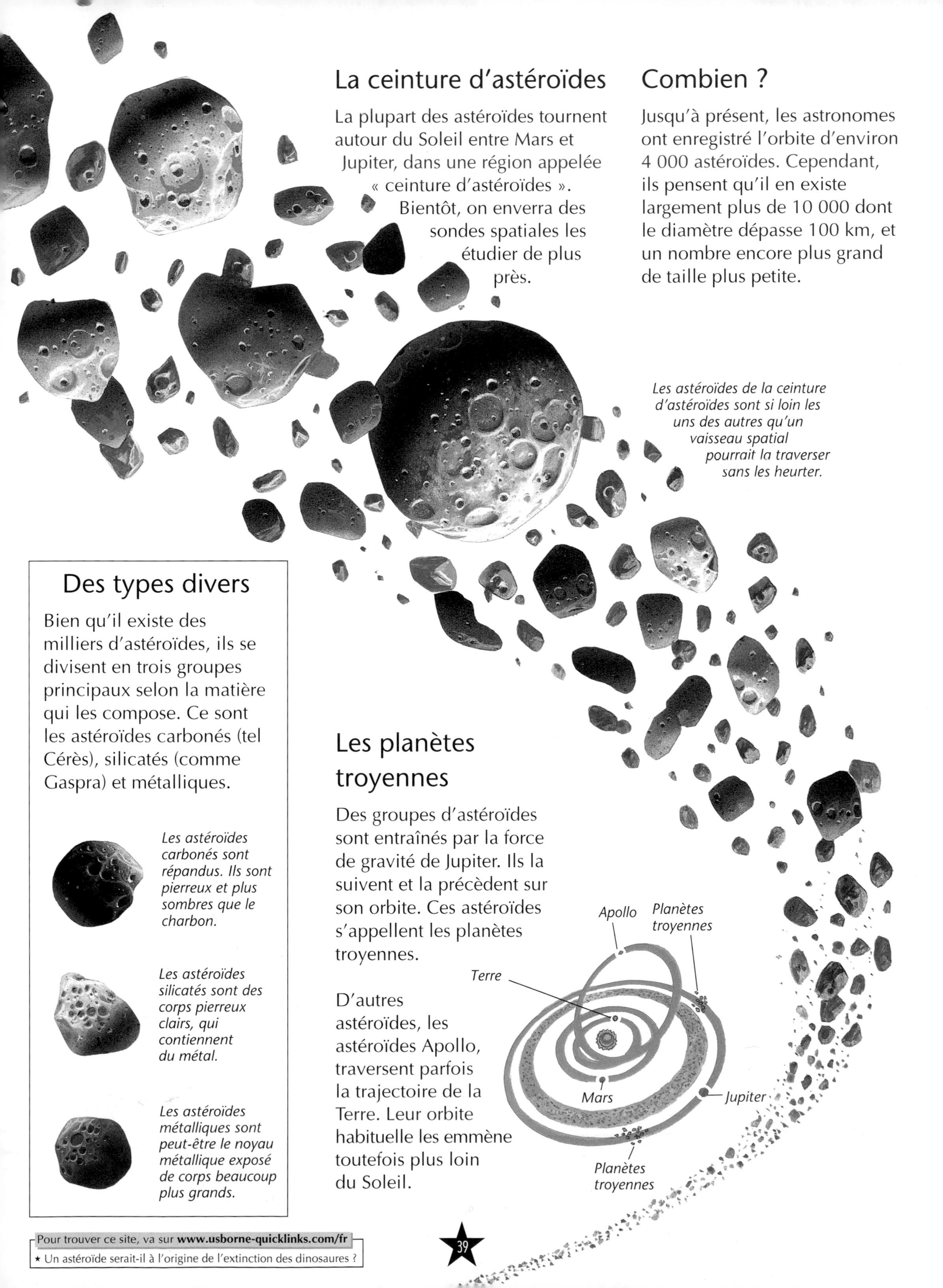

La ceinture d'astéroïdes

La plupart des astéroïdes tournent autour du Soleil entre Mars et Jupiter, dans une région appelée « ceinture d'astéroïdes ». Bientôt, on enverra des sondes spatiales les étudier de plus près.

Combien ?

Jusqu'à présent, les astronomes ont enregistré l'orbite d'environ 4 000 astéroïdes. Cependant, ils pensent qu'il en existe largement plus de 10 000 dont le diamètre dépasse 100 km, et un nombre encore plus grand de taille plus petite.

Les astéroïdes de la ceinture d'astéroïdes sont si loin les uns des autres qu'un vaisseau spatial pourrait la traverser sans les heurter.

Des types divers

Bien qu'il existe des milliers d'astéroïdes, ils se divisent en trois groupes principaux selon la matière qui les compose. Ce sont les astéroïdes carbonés (tel Cérès), silicatés (comme Gaspra) et métalliques.

Les astéroïdes carbonés sont répandus. Ils sont pierreux et plus sombres que le charbon.

Les astéroïdes silicatés sont des corps pierreux clairs, qui contiennent du métal.

Les astéroïdes métalliques sont peut-être le noyau métallique exposé de corps beaucoup plus grands.

Les planètes troyennes

Des groupes d'astéroïdes sont entraînés par la force de gravité de Jupiter. Ils la suivent et la précèdent sur son orbite. Ces astéroïdes s'appellent les planètes troyennes.

D'autres astéroïdes, les astéroïdes Apollo, traversent parfois la trajectoire de la Terre. Leur orbite habituelle les emmène toutefois plus loin du Soleil.

Pour trouver ce site, va sur **www.usborne-quicklinks.com/fr**

★ Un astéroïde serait-il à l'origine de l'extinction des dinosaures ?

COMÈTES ET MÉTÉORES

En comparaison du Soleil et des planètes du système solaire, comètes et météores sont petits. Les savants pensent que, comme les astéroïdes, ce sont des débris résiduels de la formation du système solaire. Ils tournent à toute allure dans le système solaire et de temps en temps, on les voit de la Terre.

L'une des queues de comète les plus longues jamais aperçues est celle de la Grande Comète de 1843. Elle mesurait environ 330 millions de km de long.

Les comètes

Les comètes sont des morceaux de glace sale mélangée à de la poussière et à des gravillons. Leur orbite étant ovale, elles gravitent la plupart du temps loin du Soleil, dont elles s'approchent seulement brièvement.

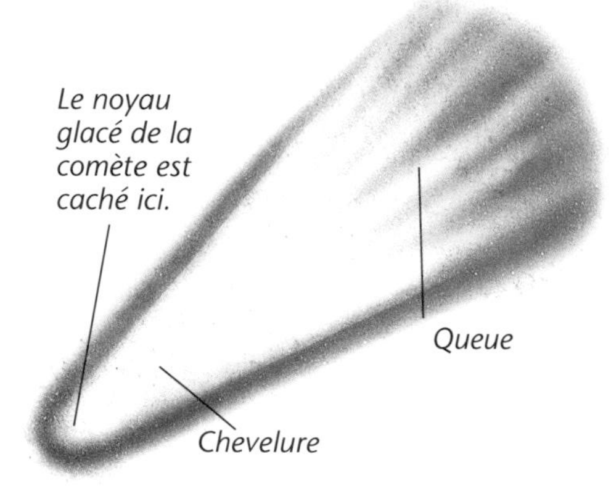

Une queue incandescente

Le cœur solide de la comète (le noyau) est entouré d'un nuage de gaz incandescents, la chevelure.

En s'étirant, la chevelure de la comète forme une queue qui se divise parfois en lanières aux ondulations délicates.

La taille des comètes

La plupart des comètes ont un noyau de moins de 10 km de diamètre.

Quand la comète s'approche du Soleil, sa chevelure peut atteindre 80 000 km de long et sa queue dépasser 1 million de km.

Observer une comète

On aperçoit les comètes de la Terre seulement quand elles sont assez près du Soleil. En général, elles ressemblent à une traînée lumineuse.

Certaines comètes ont une orbite très allongée, qui les emmène très loin dans le système solaire. On ne les voit de la Terre qu'une fois tous les quelque milliers d'années. Les comètes ayant une orbite plus courte se voient plus souvent, et il est plus facile de prédire leur retour.

De 1995 à 1997, la comète Hale-Bopp était visible de la Terre. C'est la comète la plus distincte depuis près de cent ans. Son noyau atteint peut-être 40 km de diamètre.

Quand une comète est loin du Soleil, elle reste solide. Dépourvue de queue, elle traverse l'espace comme une boule de neige sale.

En s'approchant du Soleil, la comète commence à fondre. Le gaz et la poussière se déversent dans l'espace, formant un nuage appelé chevelure.

Le vent solaire, un flux constant de particules émises par le Soleil, souffle sur la chevelure, qui s'étire alors et forme une queue spectaculaire.

Pour trouver ce site, va sur **www.usborne-quicklinks.com/fr**

★ Documente-toi sur les comètes et les étoiles filantes, avec des photos.

Pour trouver ce site, va sur www.usborne-quicklinks.com/fr
★ Une autre rubrique sur les comètes, avec une liste des comètes célèbres.

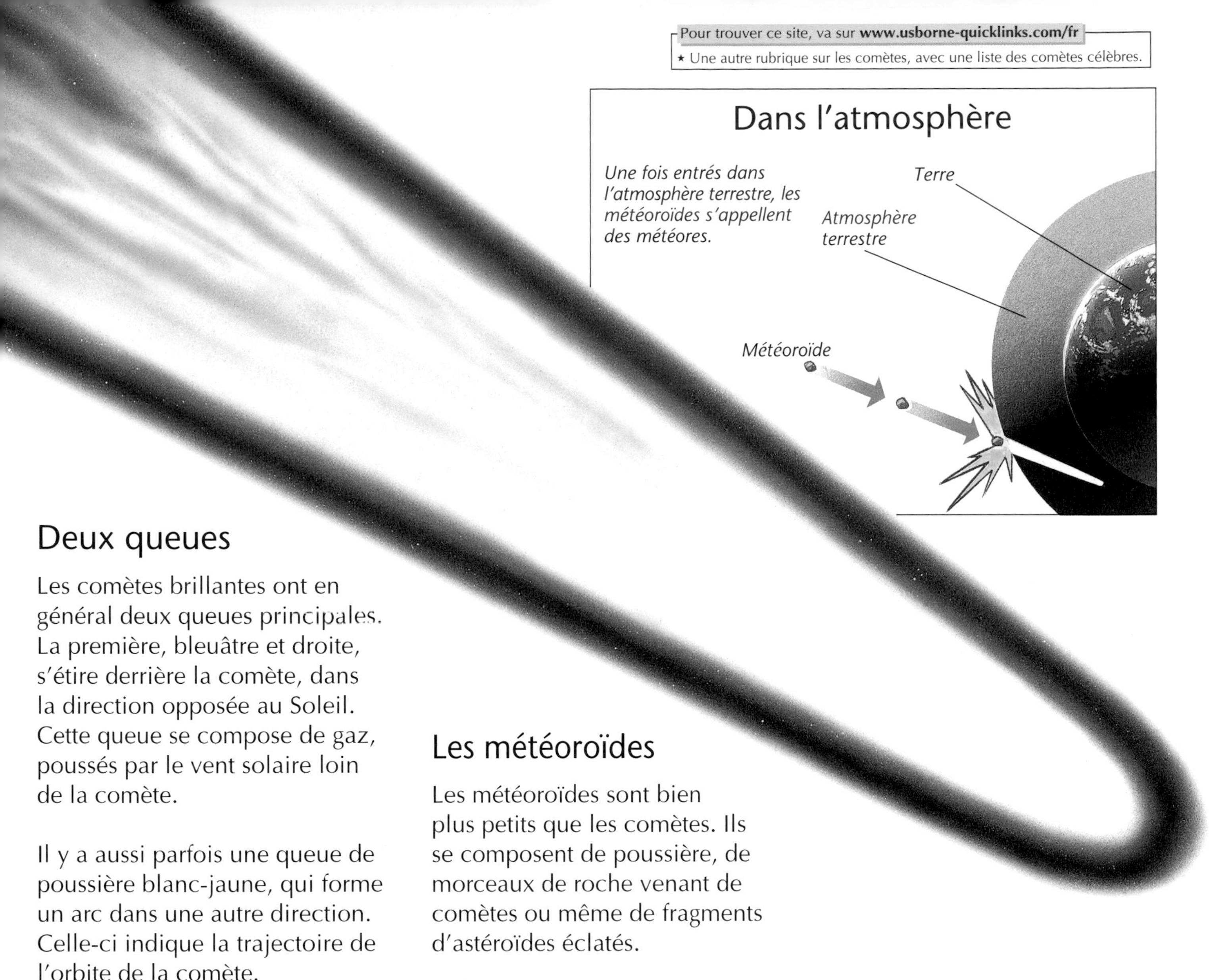

Deux queues

Les comètes brillantes ont en général deux queues principales. La première, bleuâtre et droite, s'étire derrière la comète, dans la direction opposée au Soleil. Cette queue se compose de gaz, poussés par le vent solaire loin de la comète.

Il y a aussi parfois une queue de poussière blanc-jaune, qui forme un arc dans une autre direction. Celle-ci indique la trajectoire de l'orbite de la comète.

Parfois, les comètes ont plus de deux queues. Par exemple, celle de De Chéseaux en avait sept, qui formaient un éventail semblable à une queue de paon.

Queue de poussière

Queue de gaz

Soleil

Les météoroïdes

Les météoroïdes sont bien plus petits que les comètes. Ils se composent de poussière, de morceaux de roche venant de comètes ou même de fragments d'astéroïdes éclatés.

Les étoiles filantes

Lorsque la Terre traverse la trajectoire de ces météoroïdes, ceux-ci s'embrasent en tombant dans l'atmosphère terrestre. Ils laissent une traînée lumineuse que l'on appelle météore, ou encore étoile filante.

La nuit, par temps clair, on peut apercevoir des météores toutes les heures. Quand la Terre traverse une traînée de poussière laissée par une comète, on peut voir des douzaines de météores à chaque heure de la nuit.

Les pierres de l'espace

Parfois, ces météoroïdes ne se consument pas en traversant l'atmosphère terrestre. Ils tombent sur la Terre sous la forme de roches carbonisées. On les appelle alors météorites. En général de couleur sombre et très lourdes, celles-ci semblent souvent rouillées par endroits.

Les scientifiques étudient les météorites parce que ce sont des échantillons de roches de l'espace. La plupart du temps, elles se composent de roche, de métal ou bien d'un mélange des deux.

L'EXPLORATION

Les scientifiques envoient des fusées dans l'espace depuis la fin des années 50 pour tenter d'en apprendre plus sur l'Univers. Depuis, de nombreuses missions financées par les États-Unis et la Russie (Union soviétique avant 1992) ont agrandi le champ de nos connaissances.

Skylab

Les explorateurs de l'espace

Les explorations les plus passionnantes, et celles qui ont suscité le plus d'intérêt, ont eu lieu de 1968 à 1972, au cours des missions Apollo, quand des astronautes américains ont été envoyés sur la Lune.

En 1969, lors de la mission Apollo 11, les astronautes Neil Armstrong et Buzz Aldrin ont marché sur la Lune pour la première fois.

Départ de la mission lunaire Apollo 11 au cap Kennedy, le 16 juillet 1969. Le cap Kennedy a aujourd'hui pour nom officiel celui de « Kennedy Space Center ».

Les stations spatiales

Les stations spatiales tournent autour de la Terre à 400 km de distance. Ce sont des laboratoires où l'on peut faire des expériences sans subir la gravité de la Terre.

La station spatiale américaine Skylab a été lancée en 1973. En 1986, les Russes ont lancé la station spatiale Mir. Toutes deux sont depuis retombées sur terre et à l'heure actuelle, 17 pays collaborent à la construction en orbite de la station spatiale internationale.

La vie dans l'espace

Les astronautes séjourneront à bord de la station spatiale internationale pendant plusieurs mois, afin d'étudier les effets de l'espace sur le corps humain. Ces connaissances seront essentielles pour assurer la sécurité des astronautes s'ils devaient aller un jour vivre sur la Lune, ou se rendre sur la lointaine planète Mars dans les années à venir.

Mir

La station spatiale russe Mir est restée en orbite autour de la Terre pendant 15 ans, avec à son bord des voyageurs originaires de plusieurs pays. Malgré des problèmes d'incendie et des collisions avec d'autres engins spatiaux, elle a été un succès.

La photo ci-dessous représente Mir en orbite avant qu'elle retombe sur Terre en 2001.

Pour trouver ces sites, va sur www.usborne-quicklinks.com/fr
★ À bord de la station spatiale internationale. ★ Un site sympa sur la circulation dans l'espace.

Les satellites artificiels

Un grand nombre d'objets artificiels, les satellites, tournent autour de la Terre. Certains recueillent et transmettent des informations sur l'espace aux scientifiques qui se trouvent à terre. D'autres sont des satellites de communications, qui captent les signaux de radio, de télévision ou de téléphone et les renvoient à d'autres endroits de la Terre.

Spoutnik

Le tout premier objet artificiel envoyé dans l'espace était un satellite. Il a été lancé le 4 octobre 1957 par l'Union soviétique.

Appelé « Satellite 1957 Alpha 2 », il transportait un petit transmetteur, qui émettait un bip. Il est plus connu sous le surnom de Spoutnik, mot russe qui signifie « petit voyageur ».

Hipparcos

Le satellite Hipparcos a été lancé en 1989 par l'Agence spatiale européenne. Pendant trois ans et demi, il a effectué un relevé du ciel nocturne, plus détaillé que jamais auparavant. Ses résultats, publiés en 1997, ont permis aux astronomes de calculer la distance de milliers d'étoiles et d'autres objets avec une précision sans précédent.

L'étude des planètes

On envoie des sondes spatiales explorer le système solaire depuis les années 60. Elles ont transmis une multitude d'informations nouvelles sur les planètes. La mission Galileo, envoyée par la Nasa vers Jupiter, a été lancée en 1989. Dans ce projet ingénieux, une sonde plus petite (illustrée ci-dessous) s'est séparée du vaisseau principal pour aller étudier l'atmosphère de la planète.

Ainsi que l'avaient prévu les scientifiques, la sonde Galileo a été détruite une fois achevée l'étude des nuages turbulents de Jupiter.

Pioneer 10 (qui a servi à étudier Jupiter) et Pioneer 11 (Saturne) sont allées plus loin que toutes les autres sondes. Une fois leur mission accomplie, elles sont parties dans notre système solaire.

Partie centrale de Galileo, équipée de capteurs atmosphériques et d'autres instruments scientifiques

Cette section protégeait les instruments de mesure délicats de la sonde lors de sa plongée dans l'atmosphère de Jupiter.

ASTRONOMES CÉLÈBRES

Ptolémée

Né en l'an 90, en Grèce
Mort en 168
A fait la liste de nombreuses constellations d'étoiles. Il pensait que le Soleil et les planètes tournaient autour de la Terre. Ses théories n'ont été remises en question que 1 400 ans plus tard.

Nicolas Copernic

Né en 1473, en Pologne
Mort en 1543
A proposé une théorie selon laquelle les planètes tournent autour du Soleil. Ses idées ont suscité des débats scientifiques et religieux passionnés.

Tycho Brahé

Né en 1546, au Danemark
Mort en 1601
A observé une supernova (voir page 53) en 1572. Bien qu'il ait soupçonné que Copernic avait raison, ses croyances religieuses l'ont poussé à essayer de prouver le contraire. Il a échoué.

Galilée

Né en 1564, en Italie
Mort en 1642
À l'aide du télescope, inventé depuis peu, il fit des croquis de la Lune, des anneaux de Saturne et de quatre des satellites de Jupiter. Il prouva que Copernic avait raison.

Johannes Kepler

Né en 1571, en Allemagne
Mort en 1630
A publié trois lois du mouvement planétaire entre 1609 et 1619. Il est considéré comme l'un des fondateurs de l'astronomie moderne.

Isaac Newton

Né en 1643, en Angleterre
Mort en 1727
Découvrit la loi de l'attraction universelle, prouvant que le mouvement des étoiles et des planètes pouvait être prédit. L'astronomie devenait plus précise.

William Herschel

Né en 1738, en Allemagne
Mort en 1822
Découvrit Uranus en mars 1781 à l'aide d'un télescope artisanal, prouvant ainsi que la taille du système solaire était bien supérieure à ce qu'on croyait alors.

Albert Einstein

Né en 1879, en Allemagne
Mort en 1955
L'une des figures majeures de la science contemporaine, qu'il révolutionna au début du XXe siècle par ses théories et découvertes en physique. Ses idées ont changé la façon dont les scientifiques envisageaient l'Univers et l'étudiaient.

Edwin Hubble

Né en 1889, aux États-Unis
Mort en 1953
Révéla que la taille de l'Univers était bien supérieure à ce qu'on croyait. Il proposa les premières idées de la théorie du big bang.

Clyde Tombaugh

Né en 1906, aux États-Unis
Mort en 1997
Découvrit Pluton, la neuvième planète du système solaire et la plus distante, en 1930.

Arno Penzias et Robert Wilson

Penzias : né en 1933, en Allemagne
Wilson : né en 1936, aux États-Unis
Ont trouvé des preuves de l'explosion du big bang, ce qui soutient la théorie de Hubble.

Carl Sagan

Né en 1935, aux États-Unis
Mort en 1997
Vulgarisateur célèbre de l'astronomie, il a écrit plusieurs best-sellers et des séries télévisées sur l'astronomie.

Stephen Hawking

Né en 1942, en Angleterre
A la réputation d'être le scientifique le plus brillant depuis Einstein. Il est surtout connu pour ses travaux sur les trous noirs.

LES ÉTOILES

Astronome regardant les étoiles, devant la Voie lactée.

GROUPES D'ÉTOILES

Les étoiles ne sont pas disséminées au hasard dans l'Univers. Elles sont groupées en galaxies, qui contiennent chacune des milliards d'étoiles. Notre système solaire est un élément minuscule d'une galaxie appelée la Voie lactée.

Les galaxies

Les galaxies ont des formes différentes. Les plus répandues sont les spirales, les spirales barrées, les galaxies elliptiques et les galaxies irrégulières (voir à droite).

Le tiers des galaxies connues sont des spirales. La plupart des astronomes pensent que la Voie lactée est une spirale.

Récemment, en utilisant des télescopes perfectionnés, les astronomes ont découvert de nouvelles galaxies, plus grandes et moins remplies d'étoiles que celles qu'ils ont déjà observées. Elles donnent peu de lumière, et on les appelle donc des galaxies à surface peu brillante.

Galaxie spirale. Milieu brillant et deux ou plusieurs bras courbes d'étoiles.

Spirale barrée. Traversée d'une barre centrale, elle a un bras à chaque bout.

Galaxie elliptique. Renferme une foule d'étoiles âgées rouges, qui contiennent peu de gaz ou de poussière. La forme des galaxies elliptiques varie du cercle à l'ovale.

Galaxie irrégulière. Sans forme particulière. Elle ressemble à un nuage d'étoiles.

La spirale M 100, située à 30 millions d'années-de-lumière de la Terre.

Les galaxies les plus proches

Les galaxies les plus proches de la Voie lactée sont les Nuages de Magellan, de petites galaxies irrégulières. Puis vient la galaxie d'Andromède. Cette galaxie spirale est l'objet visible à l'œil nu le plus lointain. Elle se trouve à 2,9* millions d'années-de-lumière de distance.

Grand Nuage de Magellan (au milieu) et Petit Nuage de Magellan (en haut)

Pour trouver ce site, va sur **www.usborne-quicklinks.com/fr**

★ Découvre les différents types de galaxies et les amas d'étoiles.

Ce chiffre provient des mesures effectuées par le satellite Hipparcos, voir page 43.

Voir les galaxies

En regardant une galaxie, c'est la lumière combinée de ses milliards d'étoiles que l'on voit. À travers un petit télescope, la plupart des galaxies ressemblent à des taches de lumière. On les distingue mieux avec un télescope puissant.

En groupe

Les galaxies ne sont pas simplement disséminées dans l'Univers, elles forment des groupes. Notre groupe, qui s'appelle le Groupe local, est relativement petit. Il contient environ 30 galaxies, qui s'étendent sur 5 millions d'années-de-lumière.

Les amas d'étoiles

À l'intérieur des galaxies, les étoiles tendent à former des amas. Il existe deux types d'amas d'étoiles. Les amas ouverts, comme celui illustré ci-dessous, se composent de jeunes étoiles brillantes, qui viennent de se former et sont encore assez proches les unes des autres dans l'espace.

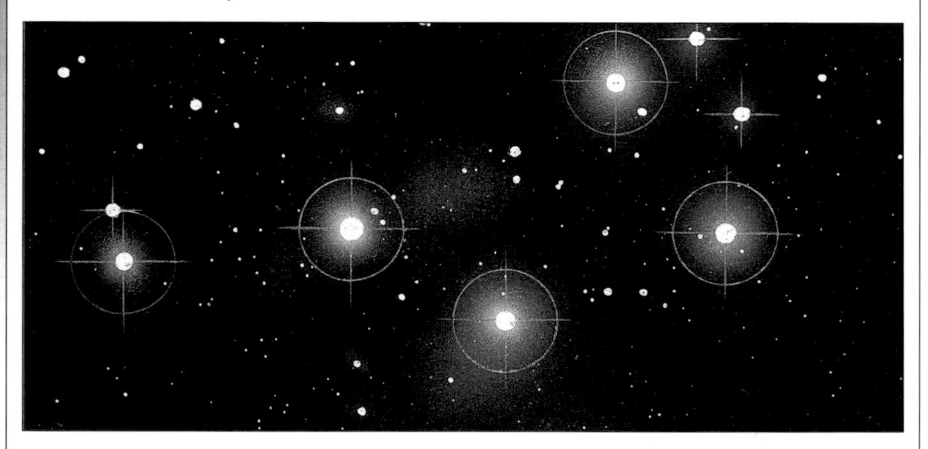

Les Pléiades, qui se trouvent dans la constellation Taurus, sont un amas ouvert.

Les amas globulaires sont beaucoup plus grands que les amas ouverts. On les trouve en général au-dessus et au-dessous du renflement central d'une galaxie. Il existe environ 150 amas globulaires connus dans notre Galaxie, contenant chacun jusqu'à un million d'étoiles.

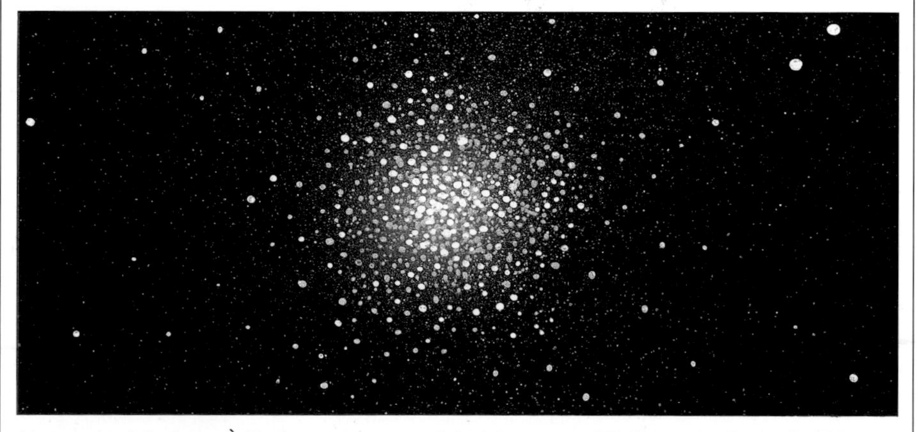

Un amas globulaire. À l'œil nu, un amas globulaire ressemble à une étoile peu brillante.

Image de la galaxie de la Roue de charrette prise à l'aide du télescope spatial Hubble dans la constellation du Sculpteur. Elle se trouve à 500 millions d'années-de-lumière.

Collision dans l'espace

La galaxie de la Roue de charrette, en haut, est une énorme galaxie de 150 000 années-de-lumière de diamètre. Sa forme inhabituelle résulte d'une collision avec une galaxie plus petite. L'anneau extérieur est un immense cercle de gaz et de poussière qui s'est dégagé du noyau après la collision. Elle commence à reprendre sa forme originelle de spirale.

LA VOIE LACTÉE

La Terre et le système solaire se trouvent à cet endroit de la Voie lactée.

Par comparaison avec les autres galaxies, notre Galaxie, la Voie lactée, est assez grande. Elle mesure environ 100 000 années-de-lumière de diamètre. La Terre et le reste de notre système solaire se trouvent à environ 28 000 années-de-lumière du milieu de la Voie lactée.

Une spirale en rotation

La plupart des astronomes sont convaincus que la Voie lactée est une galaxie spirale. D'autres ont toutefois suggéré qu'il s'agit peut-être d'une galaxie spirale barrée.

Comme toutes les spirales et spirales barrées, la Voie lactée tourne sur elle-même. Elle tourne plus vite au milieu que sur les bords. Notre système solaire fait le tour du centre de la Galaxie au moins une fois tous les 225 millions d'années. Selon cette théorie, le système solaire n'en a fait qu'une fois le tour depuis l'apparition des premiers dinosaures sur la Terre.

Où regarder ?

Par temps clair, on aperçoit une bande large et dense d'étoiles qui s'étend à travers le ciel. Autrefois, comme on trouvait qu'elle ressemblait beaucoup à une traînée de lait renversé, on l'a baptisée Voie lactée. Cette bande correspond au centre de la Voie lactée.

La Voie lactée. À la jumelle, on voit quelques-unes des millions d'étoiles qui constituent notre Galaxie.

Il y a au moins 150 énormes amas globulaires au-dessus et au-dessous du milieu de la Galaxie. Chacun contient jusqu'à un million d'étoiles.

Les zones roses, bleues et vertes de gaz incandescents sont des nébuleuses, les régions où se forment de nouvelles étoiles.

Pour trouver ces sites, va sur **www.usborne-quicklinks.com/fr**

* Renseigne-toi sur la Voie lactée.
* Le centre de la Voie lactée contient-il un trou noir massif ?

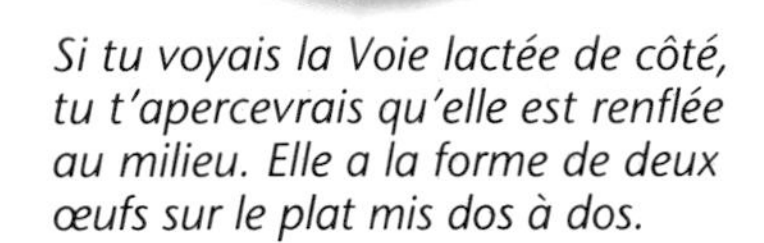

Si tu voyais la Voie lactée de côté, tu t'apercevrais qu'elle est renflée au milieu. Elle a la forme de deux œufs sur le plat mis dos à dos.

Quand regarder ?

Dans l'hémisphère Nord, c'est de juillet à septembre que la Voie lactée se voit le mieux. Elle a aussi belle apparence durant les nuits d'hiver sans lune.

Dans l'hémisphère Sud, c'est d'octobre à décembre que la Voie lactée est la plus spectaculaire. C'est alors qu'elle ressemble le plus à une traînée de lait renversé.

LA FORMATION

Les astronomes ont reconstitué l'histoire de la formation des étoiles en observant celles que l'on peut voir de la Terre. Les étoiles évoluent tout le long de leur vie et finissent par mourir.

Où naissent-elles ?

Les étoiles se forment dans de vastes nuages de gaz et de poussière appelés nébuleuses. Certaines nébuleuses sont brillantes, d'autres sont sombres. Les nébuleuses sombres sont constituées principalement de poussière et obscurcissent la lumière des étoiles situées derrière elles. Elles ressemblent à des zones sombres de ciel sans étoiles.

Pour voir les nébuleuses, il faut en général un télescope. Il est toutefois possible d'observer la nébuleuse M 42 à la jumelle. Elle se trouve dans Orion (voir page 69).

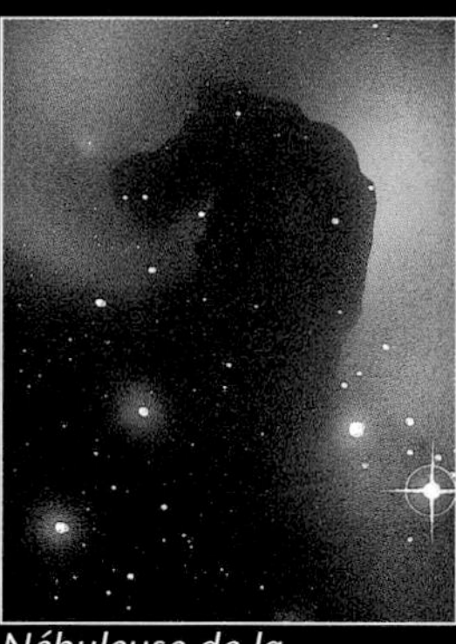

Nébuleuse de la Tête de Cheval

Cette nébuleuse sombre, la nébuleuse de la Tête de Cheval, se profile contre une nébuleuse brillante. La Tête de Cheval se trouve également dans la constellation d'Orion. Il faut un télescope puissant pour la voir.

Nébuleuse Trifide

Cette nébuleuse brillante est la nébuleuse Trifide. Les gaz qu'elle renferme sont si chauds qu'ils font briller les nuages gazeux avoisinants de belles teintes. L'hydrogène paraît rose, tandis que l'oxygène donne une lueur bleu-vert. Il faut un bon télescope pour l'observer.

Colonnes de gaz et de poussière faisant partie de M 16 (nébuleuse de l'Aigle)

Pour trouver ce site, va sur **www.usborne-quicklinks.com/fr**

★ La naissance et la mort d'une étoile expliquées en détail.

Les débuts

Avant que des étoiles ne commencent à se former, les nuages de poussière et de gaz d'une nébuleuse se mettent à tourbillonner. Ils forment des amas de plus en plus gros.

Cette photographie, prise par le télescope spatial Hubble, montre une nébuleuse de la galaxie irrégulière NGC 2366, située à 10 millions d'années-de-lumière.

L'effondrement

Au bout d'un certain temps, pour une raison inconnue, ces nuages s'effondrent. Des astronomes pensent que cela se produit quand ils traversent les bras d'une galaxie spirale.

D'autres supposent que l'onde de choc causée par l'explosion d'une étoile (une supernova, voir page 53) est peut-être à l'origine de l'effondrement.

L'étoile la plus brillante de cette nébuleuse est peut-être 60 fois plus grosse que le Soleil.

Brillante étoile

Sous l'effet de l'effondrement du nuage, la température s'élève. Au bout de dizaines de milliers d'années d'effondrement, un noyau chaud se forme. La température de ce noyau augmente à tel point que des réactions nucléaires commencent à se produire et font briller les amas de gaz. Une étoile est née. La plupart des étoiles jeunes sont chaudes et brillantes, d'autres sont plus froides et plus pâles.

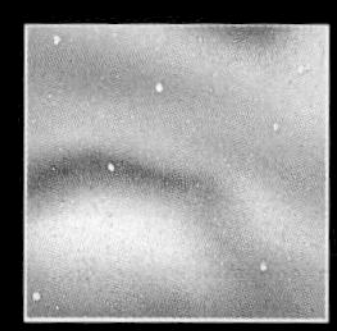

Tourbillon de gaz et de poussière

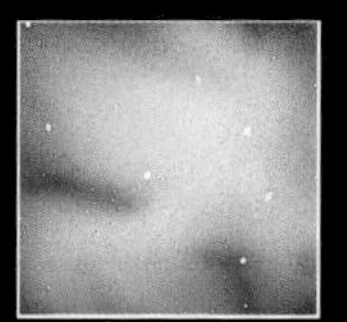

Effondrement des nuages

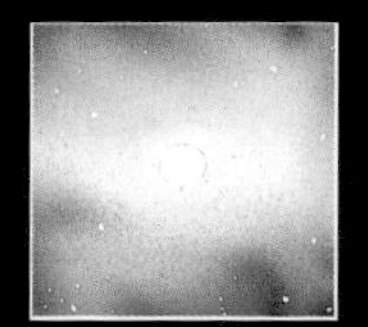

Formation d'un noyau chaud

Naissance d'une étoile

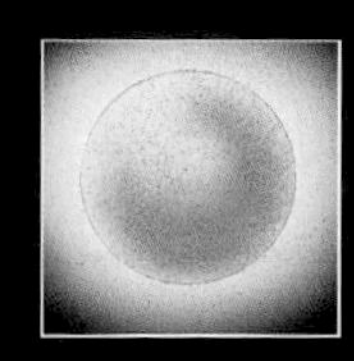

Une étoile d'âge moyen

Notre Soleil

Au début, la plupart des étoiles nouvelles brillent intensément. Elles paraissent bleues ou blanches. Elles gardent cette apparence pendant des millions d'années.

Quand elles vieillissent, leur éclat faiblit, mais devient plus constant, comme notre Soleil. Le Soleil n'a atteint que la moitié de sa durée de vie, d'à peu près 10 mill[illegible]s d'années.

LA VIE D'UNE ÉTOILE

L'éclat et la couleur des étoiles varient. Plus une étoile est chaude, plus son éclat est bleu. Leur durée de vie varie également. Plus une étoile est petite, plus elle vit longtemps.

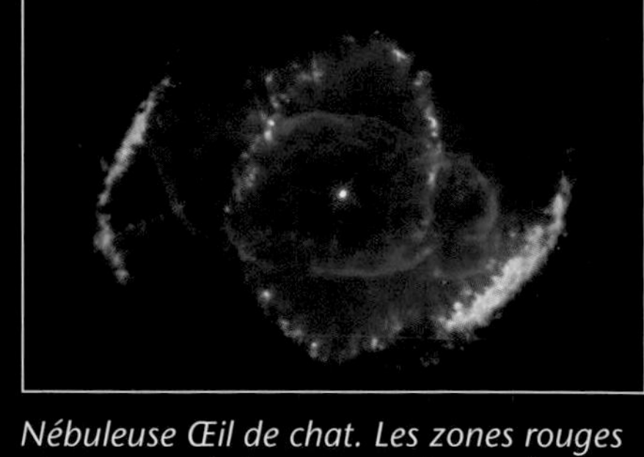

Nébuleuse Œil de chat. Les zones rouges et vertes sont des nuages de gaz denses et incandescents.

Durées de vie

Les étoiles comme notre Soleil ont une durée de vie d'environ 10 milliards d'années. Les étoiles plus petites que notre Soleil, appelées naines, vivent plus longtemps.

Les étoiles dont la taille dépasse celle de notre Soleil s'appellent des géantes. Les plus grosses de toutes sont les supergéantes. Elles ne vivent que quelques millions d'années.

L'étoile de Barnard, située dans la constellation Ophiuchus (voir page 65), est une naine rouge, plus froide que notre Soleil.

Le Soleil est une étoile jaune.

Arcturus, de la constellation du Bouvier (voir page 63), est une géante orange.

Ce diagramme permet de comparer la taille de certaines étoiles brillantes, y compris notre Soleil.

Rigel, dans la constellation d'Orion (voir page 69), est une supergéante bleue chaude.

Mort d'une étoile

Au bout d'un certain temps, quand il ne reste plus de gaz, l'étoile meurt. En mourant, les étoiles de la taille de notre Soleil (ou plus petites) gonflent et virent au rouge. Ce sont alors des géantes rouges.

Elles éjectent lentement dans l'espace leurs couches extérieures de gaz, appelées nébuleuses planétaires*.

Naine blanche

Il reste alors une petite étoile presque morte : la naine blanche. Elle a à peu près la grosseur d'une planète et, pour sa taille, est très lourde et très dense. Imagine une balle de golf qui pèserait autant qu'un camion.

Parce qu'elles sont si denses, les naines blanches engendrent une force d'attraction énorme. Elles finissent par refroidir et disparaître.

*Les nébuleuses planétaires n'ont rien à voir avec les planètes.

Pour trouver ces sites, va sur www.usborne-quicklinks.com/fr
★ Une fiche sur la naine blanche. ★ Tout ce que tu as toujours voulu savoir sur les trous noirs... un site très complet.

Mort explosive

Les étoiles plus grosses que notre Soleil ont une mort vraiment spectaculaire. Elles gonflent et deviennent d'énormes étoiles rouges, les supergéantes rouges. Puis elles explosent. Cette explosion gigantesque s'appelle une supernova.

Dans notre galaxie, on a observé quatre supernovae au cours des 1 000 années écoulées. Elles ont brillé plus intensément que les corps avoisinants pendant plusieurs jours, puis ont disparu.

Denses et lourdes

Les supernovae produisent une couche de gaz et de poussière en expansion rapide, contenant au milieu une petite étoile en rotation, ou étoile à neutrons, qui est encore plus dense et plus lourde qu'une naine blanche. (Imagine une balle de golf pesant autant qu'un gratte-ciel.)

Certaines étoiles à neutrons émettent un rayonnement qui balaie l'espace sous l'effet de leur rotation. Ces étoiles s'appellent des pulsars.

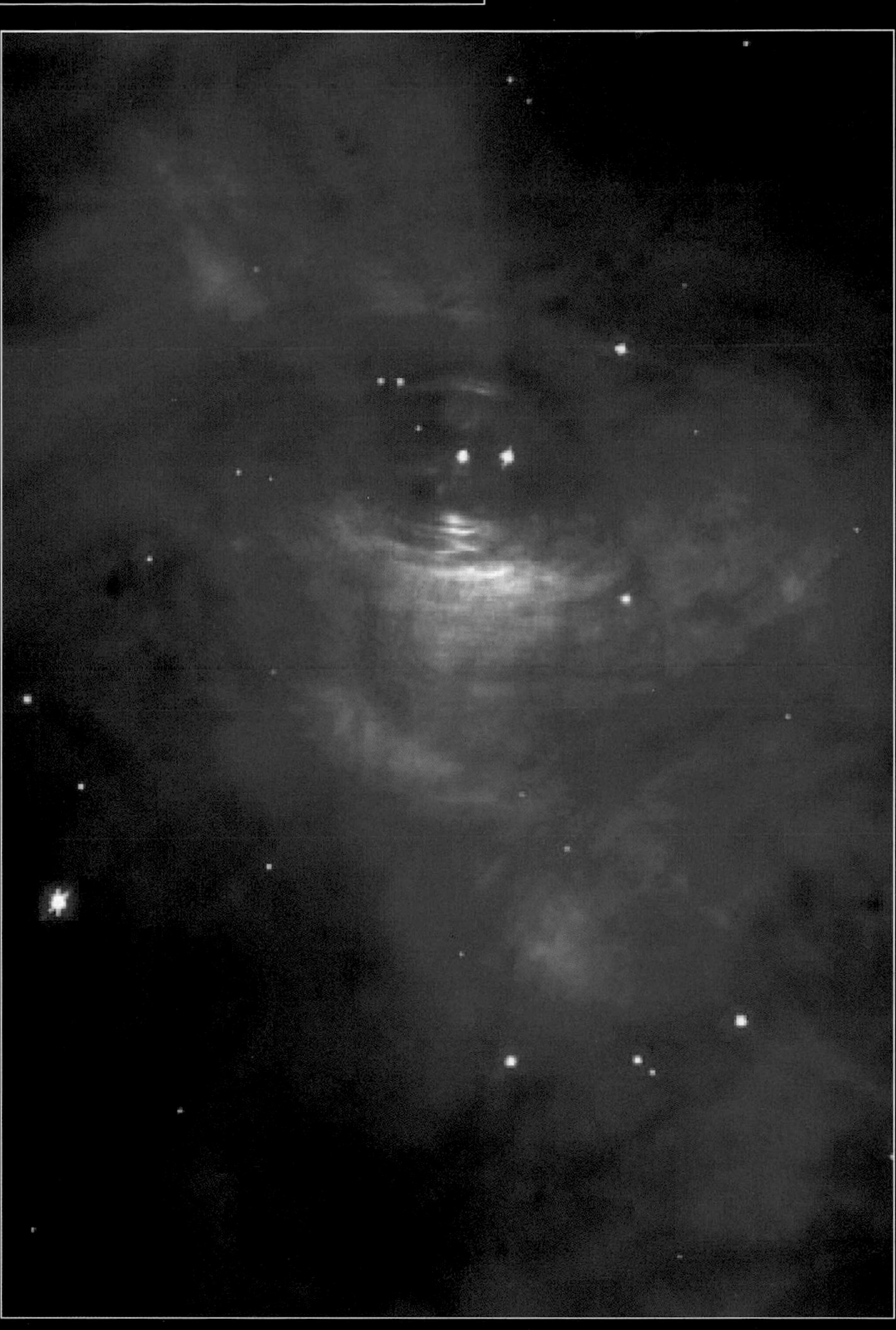

Image numérique de la nébuleuse du Crabe. Cette nébuleuse se compose des restes d'une explosion de supernova qui a eu lieu il y a plus de 900 ans. Elle a un diamètre de 10 années-de-lumière et se trouve à 7 000 années-de-lumière, dans la région de Taurus.

Les trous noirs

Lorsque les étoiles les plus grosses meurent, elles forment des supergéantes rouges. Puis elles explosent et deviennent des supernovae. Toutefois, en s'effondrant, elles se rétractent à tel point qu'elles disparaissent pratiquement de l'Univers. Elles se transforment peut-être alors en trous noirs, des puits sans fond dont absolument rien ne s'échappe.

Ils aspirent tout

En comparaison des étoiles et des planètes, les trous noirs sont minuscules. Bien souvent, leur diamètre ne dépasse pas la taille d'une ville moyenne. Mais ils sont si lourds et si denses qu'ils aspirent tout, même la lumière.

Pour cette raison, les trous noirs sont invisibles. Tout ce qui passe près d'eux risque d'être écrasé. Certains scientifiques pensent qu'au milieu de notre galaxie se trouve un énorme trou noir, entouré par une masse d'étoiles âgées rouges.

ÉTOILES VARIABLES

L'éclat de certaines étoiles semble changer progressivement. Appelées étoiles variables, elles se divisent en trois types principaux : les variables pulsantes, les variables à éclipse et les variables cataclysmiques.

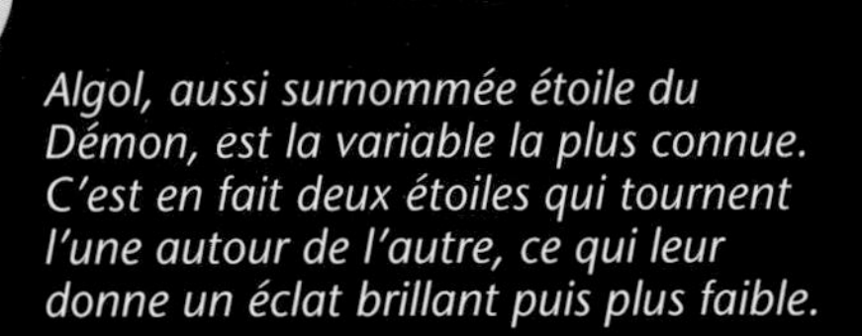

Algol, aussi surnommée étoile du Démon, est la variable la plus connue. C'est en fait deux étoiles qui tournent l'une autour de l'autre, ce qui leur donne un éclat brillant puis plus faible.

Observation des variables

Pour observer le cycle complet, ou période, de changement d'une étoile variable, il faut la suivre pendant des jours, des semaines, voire des mois. Il peut être utile de la comparer avec une étoile voisine non variable, pour voir si son éclat change.

Le cycle des étoiles variables est parfois régulier, parfois plus capricieux.

Mars

Mai

Juillet

Septembre

Les variables pulsantes

Les variables pulsantes rétrécissent et gonflent. Elles donnent davantage de lumière à leur taille maximum. Elles changent aussi de température. Ce sont en général des géantes ou bien des supergéantes.

Les images de droite représentent Mira, une variable pulsante de la constellation Cetus.

Les variables à éclipse

Certaines étoiles variables sont en réalité doubles. On les appelle des étoiles binaires ou doubles physiques. Elles tournent l'une autour de l'autre sous l'effet de leur force d'attraction.

Quand l'une de ces étoiles passe devant l'autre, elle lui cache sa lumière, et réduit ainsi la quantité de lumière que l'on peut voir de la Terre.

La plus brillante s'appelle l'étoile primaire.

La plus faible s'appelle l'étoile secondaire.

Les variables cataclysmiques

Ce sont des étoiles binaires très proches l'une de l'autre. Quand la force d'attraction de l'une d'elles (en général, une naine blanche) capte des matières de l'autre (en général, une géante rouge), une augmentation importante et soudaine de l'éclat se produit. Ce phénomène est causé par des réactions thermonucléaires violentes.

Un embrasement

La nova est un type particulier de variable cataclysmique. C'est une étoile dont l'éclat augmente soudain, et qui met plusieurs mois ou même plusieurs années si elle est devenue très brillante, pour retrouver sa luminosité originelle. Parfois, les novae sont si brillantes qu'elles ressemblent à des étoiles nouvelles.

Les novae sont assez rares. Il y en a environ 25 par an dans une galaxie comme la nôtre. Depuis 1600, il y en a toutefois eu seulement 37 visibles à l'œil nu.

Des systèmes multiples

Les systèmes d'étoiles regroupant plus de deux étoiles s'appellent des systèmes multiples. En les regardant à la jumelle ou au télescope, on s'aperçoit que certaines étoiles apparemment binaires sont en fait multiples. Ainsi en observant Thêta Orionis (dans Orion, voir page 69) au télescope ou à la jumelle, on s'aperçoit qu'il s'agit en fait de quatre étoiles distinctes, le Trapèze.

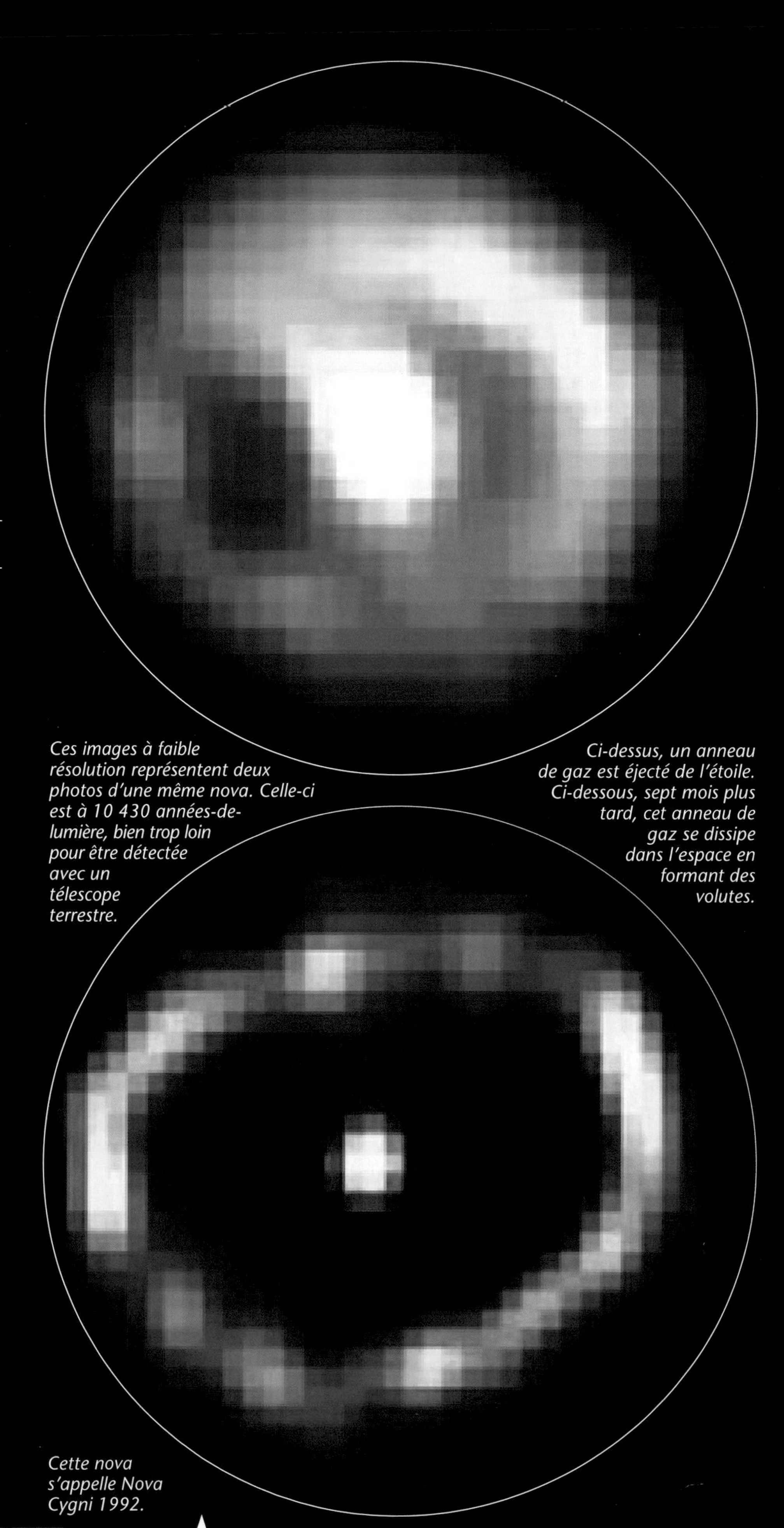

Ces images à faible résolution représentent deux photos d'une même nova. Celle-ci est à 10 430 années-de-lumière, bien trop loin pour être détectée avec un télescope terrestre.

Ci-dessus, un anneau de gaz est éjecté de l'étoile. Ci-dessous, sept mois plus tard, cet anneau de gaz se dissipe dans l'espace en formant des volutes.

Cette nova s'appelle Nova Cygni 1992.

Pour trouver ce site, va sur **www.usborne-quicklinks.com/fr**

★ Les variables cataclysmiques – photo et diagramme.

MOTIFS D'ÉTOILES

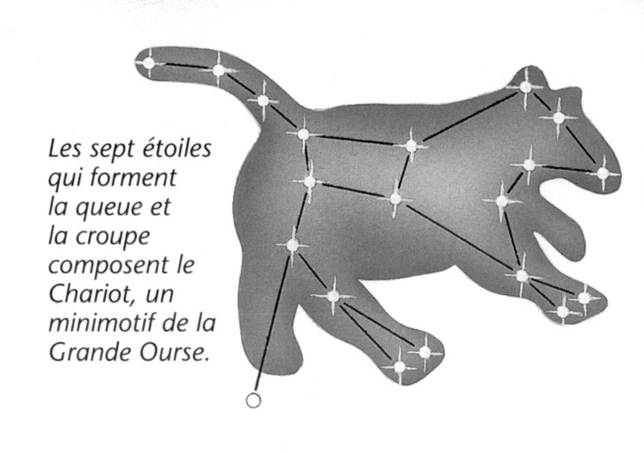

Ursa Major, ou la Grande Ourse. Ici, la forme imaginaire d'un ours est dessinée autour de la constellation.

Dès les premières civilisations, on s'est aperçu que les étoiles brillantes formaient des motifs dans le ciel. On appelle ces motifs des constellations. D'abord, tu ne verras peut-être qu'un amas confus d'étoiles scintillantes mais, en t'exerçant, tu arriveras à retrouver la forme des constellations.

Des groupes d'étoiles

Il y a 88 constellations. Tu trouveras leurs cartes de la page 62 à la page 75 du livre.

La division des étoiles en constellations permet de trouver et d'identifier plus facilement les différentes étoiles du ciel nocturne. De nombreuses constellations portent le nom de personnages ou d'objets des mythes de la Grèce antique.

Dans les constellations, on distingue des motifs plus petits, les astérismes. Le Chariot, ou Casserole, est un astérisme connu. Il fait partie de la constellation Ursa Major, la Grande Ourse (voir en haut).

D'immenses distances

Les constellations se composent des étoiles les plus visibles dans le ciel.

De la Terre, les étoiles appartenant à une même constellation semblent assez proches l'une de l'autre, mais en réalité, elles sont extrêmement éloignées.

Les étoiles qui forment la constellation Orion, par exemple, se situent à une distance de 500 à plus de 2 000 années-de-lumière de la Terre. Elles paraissent faire partie du même groupe parce qu'elles se trouvent dans la même direction.

Des points de repère

Les étoiles de certaines constellations permettent de retrouver d'autres constellations dans le ciel.

Ainsi, en traçant une ligne imaginaire passant par les deux étoiles de l'extrémité du Chariot, dans la Grande Ourse, on arrive à repérer Polaris, l'étoile Polaire. Ces deux étoiles très utiles s'appellent les Gardes.

Les cartes du ciel des pages 62 à 75 expliquent comment retrouver certaines constellations en identifiant d'abord d'autres étoiles ou groupes d'étoiles, et en les utilisant comme points de repère.

Ce diagramme représente la constellation d'Orion telle qu'on la voit dans le ciel (à gauche), ainsi que la manière dont les étoiles sont réellement disposées dans l'espace (à droite).

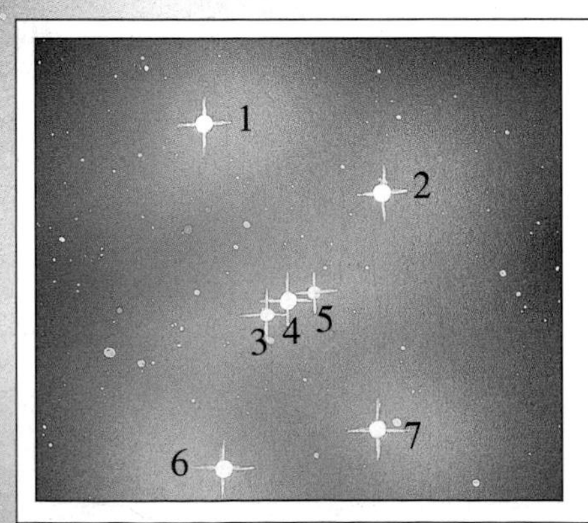

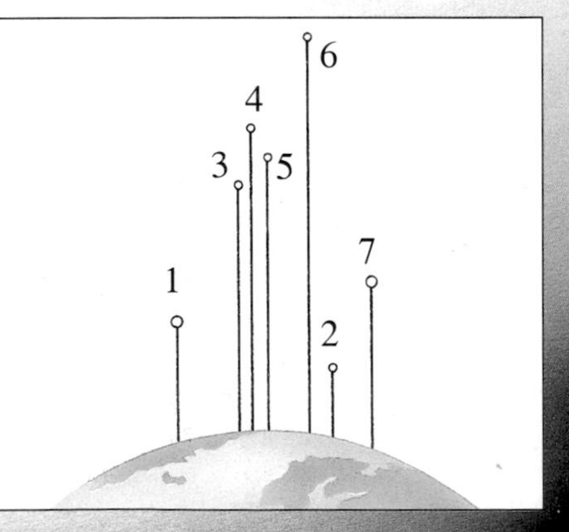

Les Gardes d'Ursa Major s'alignent avec Polaris, dans Ursa Minor (la Petite Ourse).

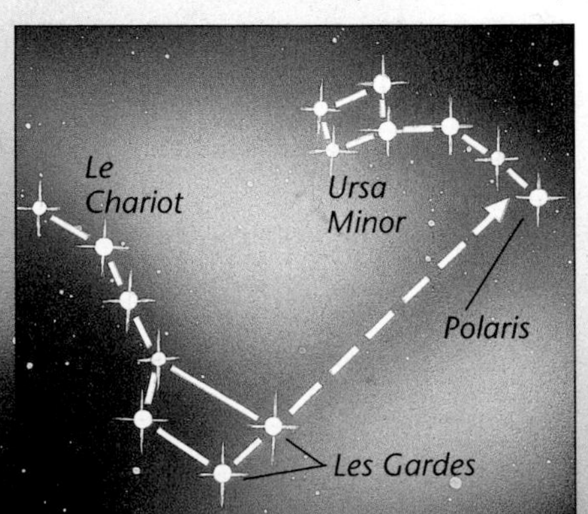

En mouvement

Les étoiles se déplacent dans l'espace à très grande vitesse, mais elles sont si loin qu'il est impossible de détecter leurs mouvements, sauf avec un matériel très puissant. C'est pourquoi les constellations semblent fixes dans le ciel.

Il y a 100 000 ans, les étoiles du Chariot formaient ce motif.

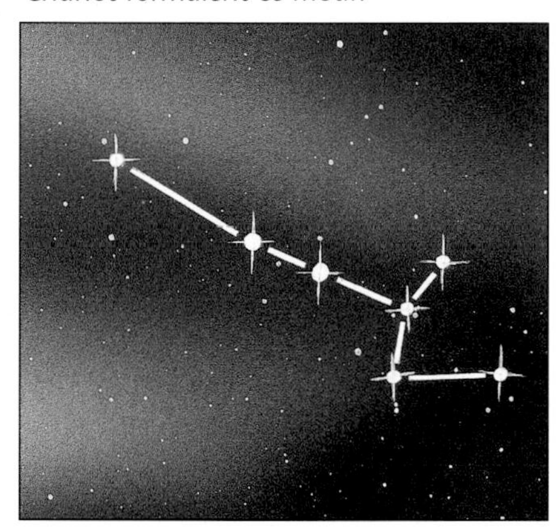

Étoiles du Chariot aujourd'hui

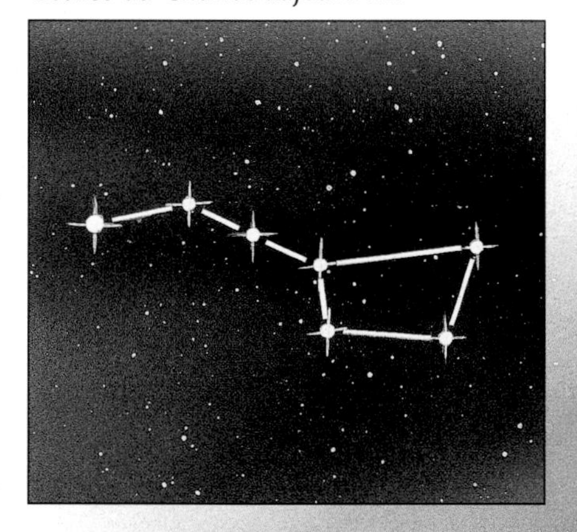

Dans 100 000 ans, la forme aura beaucoup changé.

Le nom des étoiles

Beaucoup d'étoiles, parmi les plus brillantes, ont à la fois un nom grec et un nom français. L'étoile la plus brillante porte un nom d'origine grecque, Sirius. En français, on l'appelle l'étoile du Grand Chien.

Toutes en grec

Les étoiles portent aussi le nom de leur constellation, suivi d'une lettre grecque. En général, l'étoile la plus brillante de la constellation reçoit pour nom la première lettre de l'alphabet grec, alpha (α). La deuxième étoile la plus brillante porte la deuxième lettre de l'alphabet grec (β), etc. Comme il n'y a que 24 lettres dans l'alphabet grec, les autres étoiles d'une constellation de plus de 24 étoiles portent un numéro.

SYMBOLES GRECS ET LEURS NOMS

α	alpha	ν	nu
β	bêta	ξ	xi
γ	gamma	ο	omicron
δ	delta	π	pi
ε	epsilon	ρ	rhô
ζ	zêta	σ	sigma
η	êta	τ	tau
θ	thêta	υ	upsilon
ι	iota	φ	phi
κ	kappa	χ	khi
λ	lambda	ψ	psi
μ	mu	ω	oméga

Les cinq étoiles principales de la constellation Cassiopeia. Ces étoiles lui donnent sa forme en W, qui est facile à reconnaître.

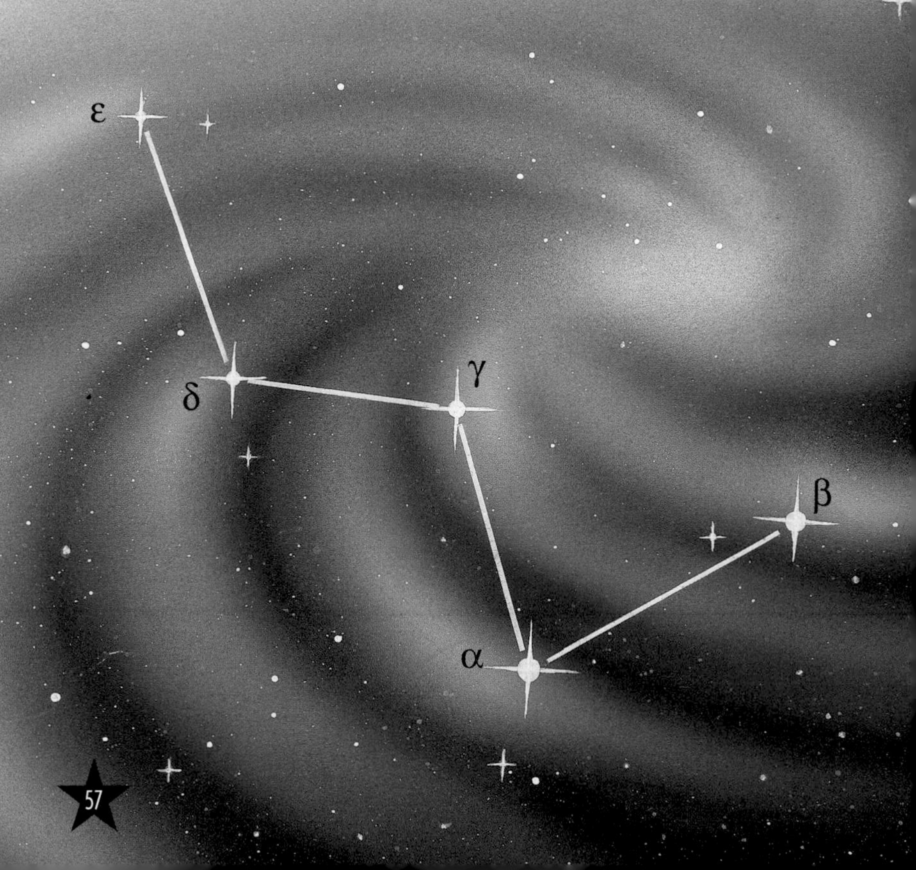

DESCRIPTION DES ÉTOILES

Leur éclat

On mesure l'éclat des étoiles à l'aide d'une échelle appelée magnitude. On appelle magnitude absolue l'éclat réel d'une étoile dans l'espace. Les étoiles les plus brillantes sont de magnitude zéro ou inférieure.

-1 0 1 2 3 4 5 6 7 8 9

Étoiles les plus brillantes — *Étoiles les plus faibles*

Chaque degré de l'échelle indique une augmentation d'éclat de deux fois et demie.

L'éclat vu de la Terre

De la Terre, une étoile très brillante mais très lointaine semble plus faible qu'une étoile moins brillante mais proche de nous. On appelle magnitude apparente l'éclat d'une étoile vue de la Terre.

Leur couleur

Les étoiles se classent par couleur. Les plus chaudes sont bleues ou blanches, et les plus froides, rouges.

Chaque classe d'étoiles, ou classe spectrale, est désignée par une lettre. Les principales classes spectrales sont indiquées dans ce tableau.

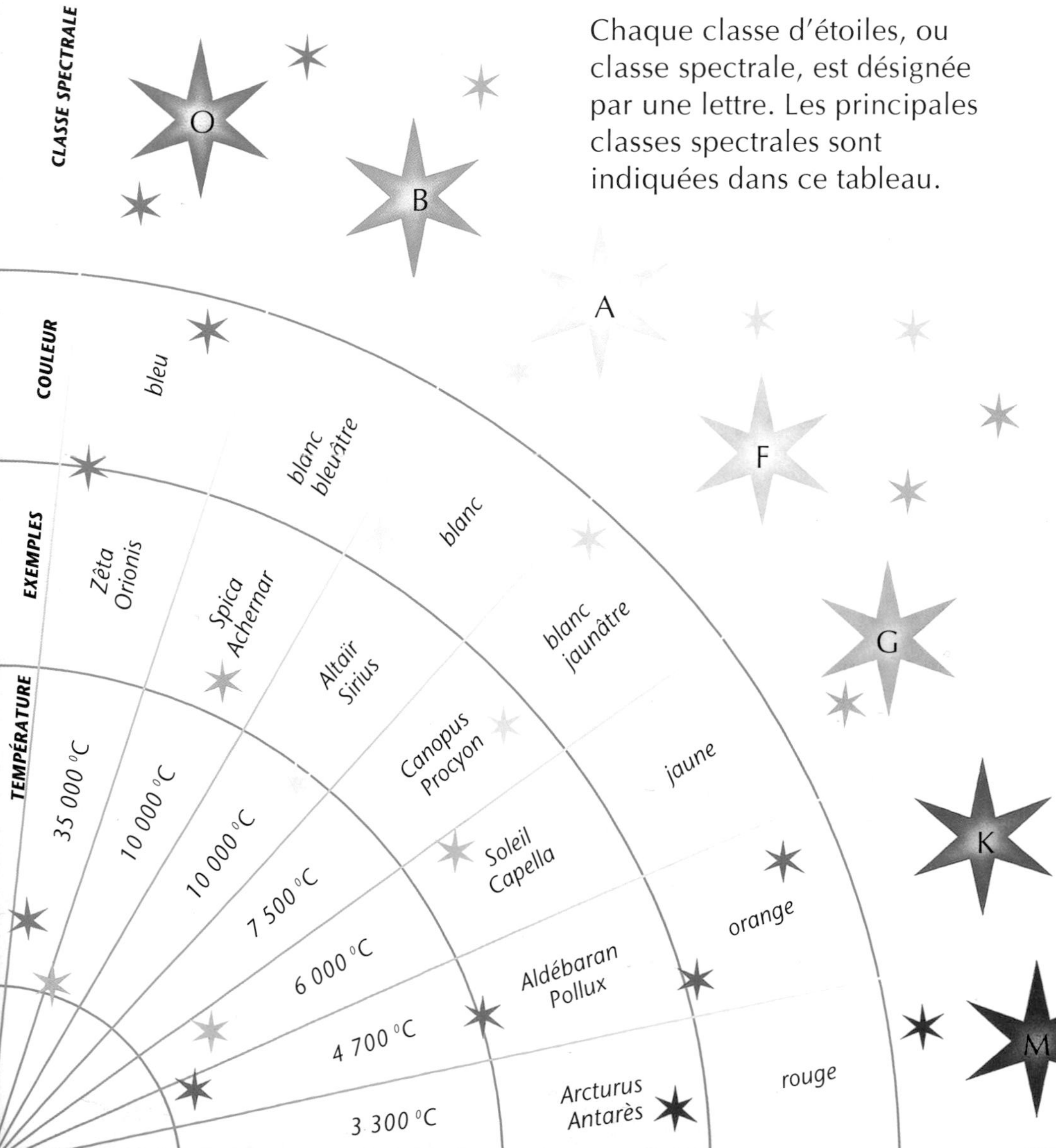

Les étoiles doubles

Il existe deux types d'étoiles doubles. Premier type : les étoiles binaires ou étoiles doubles physiques, qui tournent autour l'une de l'autre et ont un centre de gravité commun. Il faut un télescope puissant pour les voir.

Deuxième type : les étoiles doubles optiques, qui semblent proches l'une de l'autre car, de la Terre, elles sont dans la même ligne de vision. En fait, il se peut qu'elles soient très loin l'une de l'autre. On les distingue parfois à l'œil nu.

Étoile double optique

Terre

Les numéros

Les galaxies, les nébuleuses, les amas d'étoiles et autres objets ont presque tous un numéro d'identification précédé de M ou dc NGC.

Les numéros en M renvoient au catalogue établi au XVIIIe siècle par l'astronome français Charles Messier. Les numéros en NGC font référence à celui établi par l'astronome danois Johan Dreyer, en 1888.

Le numéro de certains objets est précédé d'IC, mis pour Index Catalogue, une liste d'objets encore moins brillants établie en 1908 par Dreyer.

CONSTELLATIONS

Constellation de Crux. Les quatre étoiles principales forment le motif de la Croix du Sud.

CARTES DU CIEL

Ces cartes du ciel t'aideront à retrouver les constellations dans le ciel nocturne. Pour les utiliser, le meilleur moment se situe vers 23 heures. Cependant, certaines constellations sont difficiles à repérer, et ce quel que soit le moment. Il vaut mieux utiliser ces cartes dans un lieu sombre, par une nuit sans lune et sans nuages.

Carte de l'hémisphère Nord

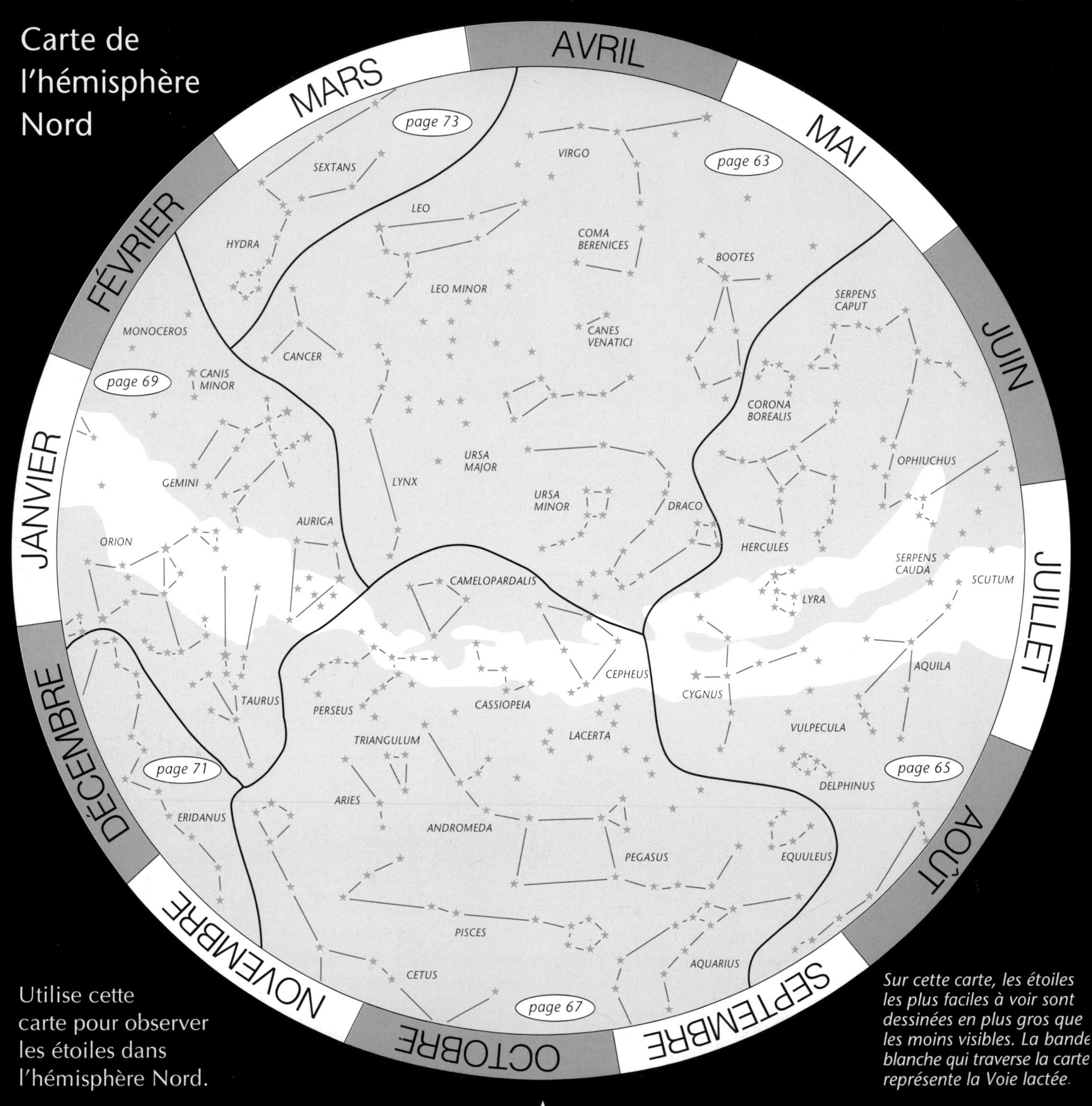

Utilise cette carte pour observer les étoiles dans l'hémisphère Nord.

Sur cette carte, les étoiles les plus faciles à voir sont dessinées en plus gros que les moins visibles. La bande blanche qui traverse la carte représente la Voie lactée.

Pour trouver ce site, va sur **www.usborne-quicklinks.com/fr**

★ L'histoire des constellations, les constellations zodiacales et la liste de toutes les constellations du ciel.

Mode d'emploi

Repère le mois en cours dans la marge du bord. Puis fais tourner le livre de manière à placer le mois près de toi. Place-toi face au sud si tu es dans l'hémisphère Nord, et face au nord si tu es dans l'hémisphère Sud. Les étoiles du milieu et de la partie inférieure de la carte devraient être visibles dans le ciel.

Une fois que tu sauras quelles constellations chercher, reporte-toi aux cartes à plus grande échelle des pages suivantes. Ces cartes indiquent quelles sont les constellations les plus faciles à distinguer. Tu peux ensuite repérer leurs voisines. Les numéros des pages à consulter sont indiqués dans chaque section des cartes ci-dessous.

Carte de l'hémisphère Sud

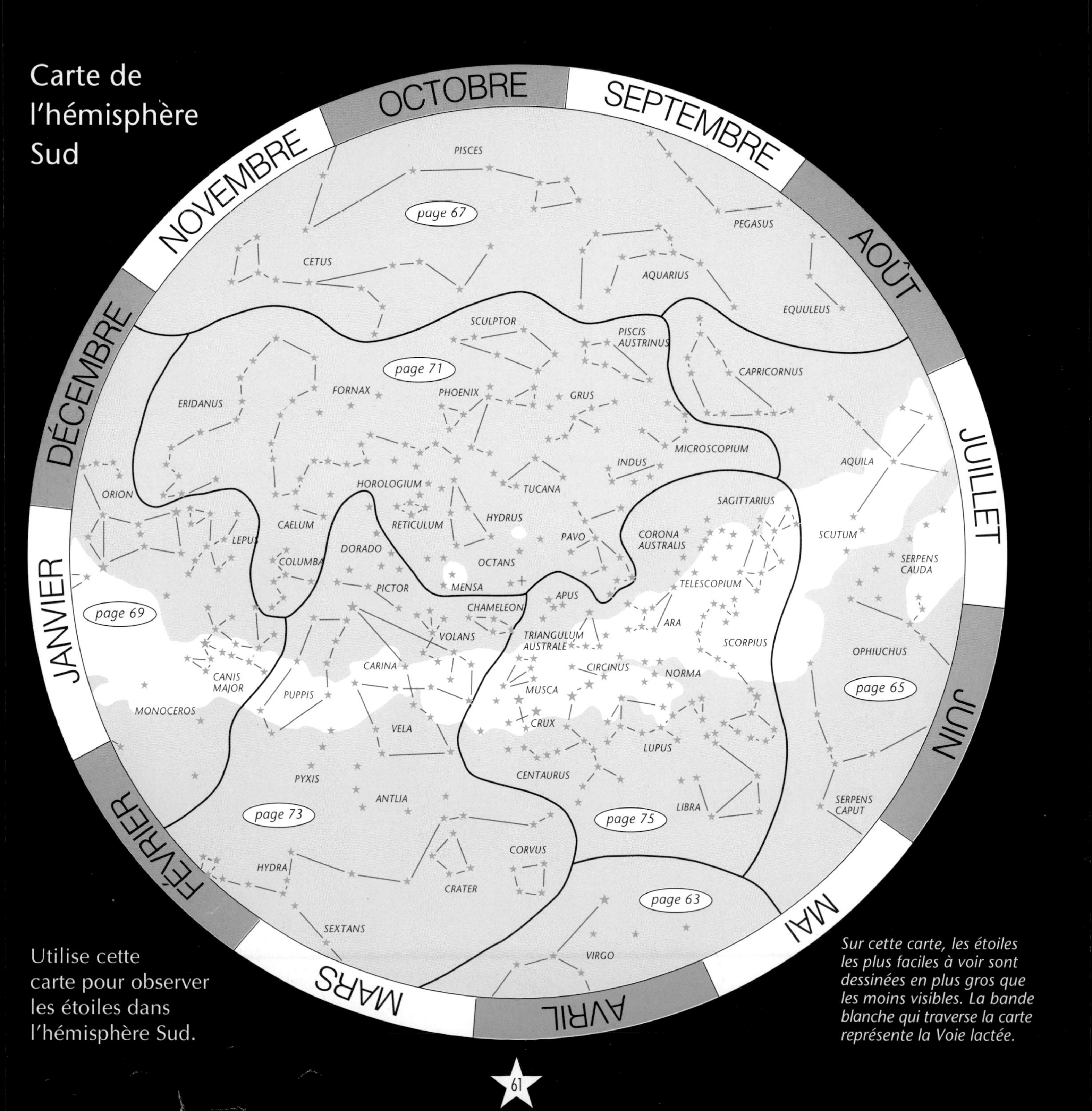

Utilise cette carte pour observer les étoiles dans l'hémisphère Sud.

Sur cette carte, les étoiles les plus faciles à voir sont dessinées en plus gros que les moins visibles. La bande blanche qui traverse la carte représente la Voie lactée.

DE DRACO AU CANCER

Draco (le Dragon)

Draco se compose d'une ligne irrégulière d'étoiles à lueur faible. La tête du dragon est formée par un groupe de quatre étoiles proches de Véga, la cinquième étoile la plus brillante du ciel. Sa queue forme une boucle autour d'Ursa Minor.

Canes Venatici (les Chiens de Chasse)

Ces chiens sont aux trousses de la Grande Ourse (Ursa Major) et de la Petite Ourse (Ursa Minor) dans le ciel. La chasse à l'ours était un sport apprécié au XVIIe siècle, quand cette constellation a été baptisée.

Bootes (le Bouvier)

Pour repérer Bootes, utilise la queue d'Ursa Major comme point de repère. Arcturus, qui se trouve à la base de Bootes, est la quatrième étoile la plus brillante du ciel.

Chaque année, du 1er au 6 janvier, on voit une pluie de météores, les Quadrantides, dans la zone voisine de Bootes et de la queue d'Ursa Major. Elle n'est facile à voir qu'après minuit.

Coma Berenices (la Chevelure de Bérénice)

D'après un mythe grec, Bérénice aurait coupé sa belle chevelure, qui aurait été placée parmi les étoiles par le dieu Jupiter. Les trois principales étoiles de cette constellation sont indiquées sur la carte, mais il peut être difficile de les distinguer des autres étoiles.

Par une nuit noire, on distingue à l'œil nu l'amas de Coma, un amas d'étoiles ouvert.

Virgo (la Vierge)

Cette constellation représente la déesse de la fertilité et des récoltes. L'étoile la plus brillante de Virgo se nomme Spica, ce qui veut dire « épi de blé ». Spica se trouve à 220 années-de-lumière de la Terre.

Ursa Minor (la Petite Ourse)

L'étoile la plus brillante de cette constellation s'appelle Polaris, l'étoile Polaire. C'est la seule étoile du ciel qui paraisse immobile. C'est parce qu'elle se trouve dans la ligne de l'axe de la Terre, directement au-dessus du pôle Nord. Durant la rotation de la Terre, Polaris reste au même endroit par rapport à elle, mais les autres étoiles semblent se déplacer dans le ciel, autour de Polaris.

Quand tu auras trouvé Polaris, cherche autour de toi un repère qui te permettra de la retrouver. Elle indique le nord.

Ursa Major (la Grande Ourse)

Les sept étoiles les plus brillantes de cette constellation forment un astérisme, le Chariot, ou la Casserole. Les étoiles Dubhe et Merak du Chariot s'appellent les Gardes. La ligne imaginaire qui passe par elles donne la direction de Polaris, l'étoile Polaire.

Lynx

Cette constellation doit son nom au fait que seules les personnes douées d'une bonne vue, comme le lynx, peuvent la distinguer. C'est une ligne d'étoiles peu lumineuses.

Leo Minor (le Petit Lion)

La constellation de Leo Minor est très faible et difficile à repérer.

Cancer

Ce sont des étoiles peu brillantes situées entre Leo et Gemini (voir page 69). Cancer contient le spectaculaire amas d'étoiles ouvert M 44, appelé la Ruche ou Praesepe.

Leo (le Lion)

Leo est l'une des rares constellations dont le nom correspond à l'apparence, celle d'un lion ramassé sur lui-même. On appelle parfois la Faucille la région de la tête.

Chaque année, aux alentours du 17 novembre, on aperçoit une pluie de météores, les Léonides, près de la tête de Leo. Elles ne sont faciles à voir qu'après minuit.

Pour trouver ce site, va sur **www.usborne-quicklinks.com/fr**

★ Les 88 constellations, avec la représentation de chacune dans le ciel.

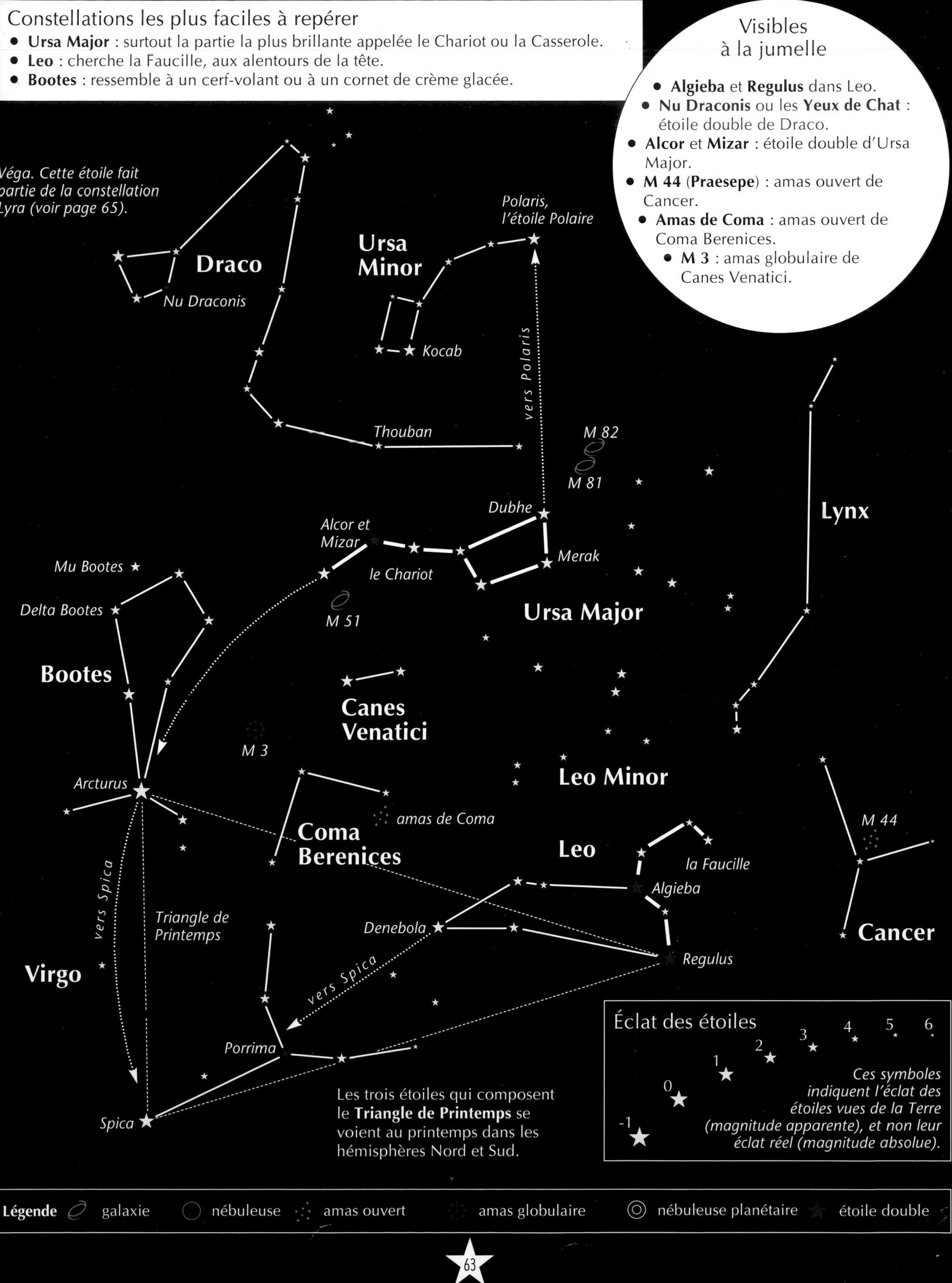
Constellations les plus faciles à repérer
• **Ursa Major** : surtout la partie la plus brillante appelée le Chariot ou la Casserole.
• **Leo** : cherche la Faucille, aux alentours de la tête.
• **Bootes** : ressemble à un cerf-volant ou à un cornet de crème glacée.
Visibles à la jumelle
• **Algieba** et **Regulus** dans Leo.
• **Nu Draconis** ou les **Yeux de Chat** : étoile double de Draco.
• **Alcor** et **Mizar** : étoile double d'Ursa Major.
• **M 44** (**Praesepe**) : amas ouvert de Cancer.
• **Amas de Coma** : amas ouvert de Coma Berenices.
• **M 3** : amas globulaire de Canes Venatici.
Véga. Cette étoile fait
artie de la constellation
yra (voir page 65).
Draco
Nu Draconis
Ursa Minor
Polaris, l'étoile Polaire
Kocab
vers Polaris
Thouban
M 82
M 81
Dubhe
Lynx
Alcor et Mizar
Merak
le Chariot
Mu Bootes
Delta Bootes
M 51
Ursa Major
Bootes
Canes Venatici
M 3
Leo Minor
Arcturus
amas de Coma
M 44
Coma Berenices
Leo
la Faucille
Algieba
vers Spica
Triangle de Printemps
Denebola
Cancer
Virgo
Regulus
vers Spica
Porrima
Spica
Les trois étoiles qui composent le **Triangle de Printemps** se voient au printemps dans les hémisphères Nord et Sud.
Éclat des étoiles
-1 0 1 2 3 4 5 6
Ces symboles indiquent l'éclat des étoiles vues de la Terre (magnitude apparente), et non leur éclat réel (magnitude absolue).
Légende galaxie nébuleuse amas ouvert amas globulaire nébuleuse planétaire étoile double

DE CYGNUS À SERPENS

Cygnus (le Cygne)

Cygnus contient des étoiles formant une croix, l'astérisme de la Croix du Nord. L'étoile brillante Deneb se trouve au sommet, et Albireo au bas.

Deneb est l'une des étoiles les plus brillantes de la galaxie. Elle est 60 000 fois plus lumineuse que le Soleil. Avec Véga et Altaïr, elle forme les Trois Belles de l'Été.

Delphinus (le Dauphin)

Delphinus est compacte et de forme distinctive. L'étoile Epsilon Delphini se trouve à 950 années-de-lumière, bien plus loin que les autres étoiles de cette constellation.

Sagitta (la Flèche)

Sagitta* se compose de quatre étoiles peu lumineuses disposées en flèche.

Capricornus (le Capricorne)

Les astronomes surnomment parfois Capricornus « le sourire du ciel ». Cette constellation se compose d'un triangle déformé d'étoiles pâles.

À l'un des bouts de Capricornus se trouve l'étoile double Alpha Capricorni. Elle se compose des étoiles Alpha 1 et Alpha 2. On appelle aussi Alpha 2 Algedi. Il est tout juste possible de voir ces deux étoiles à l'œil nu.

Aquila (l'Aigle)

Altaïr, une étoile brillante d'Aquila, fait partie des Trois Belles de l'Été. Onzième étoile la plus brillante du ciel, elle est flanquée de deux étoiles plus pâles.

Scutum (l'Écu)

Scutum est peu lumineuse, mais tout juste visible à l'œil nu. Cherche M 11, l'amas ouvert du Canard sauvage de Scutum, situé près de la base d'Aquila.

Vulpecula (le Petit Renard)

Vulpecula contient M 27, une nébuleuse planétaire surnommée Dumbbell ou l'Haltère. C'est en 1967, dans Vulpecula, que l'on a découvert le premier pulsar. Il est trop difficile à voir.

Lyra (la Lyre)

Petite, mais facile à distinguer, l'étoile la plus brillante de Lyra s'appelle Véga. C'est la cinquième étoile la plus brillante du ciel.

Ophiuchus (le Serpentaire)

Ophiuchus est un très gros groupe d'étoiles. Ophiuchus tient un serpent, la constellation Serpens, donc ces deux constellations se rejoignent.

Hercules (Hercule)

Cette constellation porte le nom d'un héros grec. Son centre ressemble à un carré un peu déformé, la Clé de Voûte. Sur sa droite M 13, un des plus beaux amas globulaires du ciel.

Corona Borealis (la Couronne boréale)

Ce demi-cercle d'étoiles peu brillantes se trouve entre Véga et Arcturus (de la constellation Bootes, voir page 63).

Corona Borealis contient une nova récurrente, la Blaze Star. Sa luminosité, d'une magnitude apparente habituelle de 10 est passée à une magnitude de 2,3 en février 1946. Elle ne redeviendra visible que quand sa luminosité s'intensifiera à nouveau.

Serpens (le Serpent)

C'est la seule constellation formée de deux éléments séparés : Caput (la tête) et Cauda (la queue). Elle se trouve des deux côtés d'Ophiuchus.

Serpens Cauda contient la nébuleuse M 16 (nébuleuse de l'Aigle ou Reine des Étoiles) qui a au milieu un nuage de gaz et de poussière en forme d'aigle.

On ne distingue M 16 en détail qu'avec un télescope puissant. Les images de Hubble ont révélé de fantastiques zones de naissance d'étoiles à l'intérieur.

Pour trouver ce site, va sur **www.usborne-quicklinks.com/fr**
★ Quelques constellations, dont Hercule, le Cygne, la Lyre et l'Aigle.

*Sagitta est très peu brillante et n'est pas indiquée sur cette carte

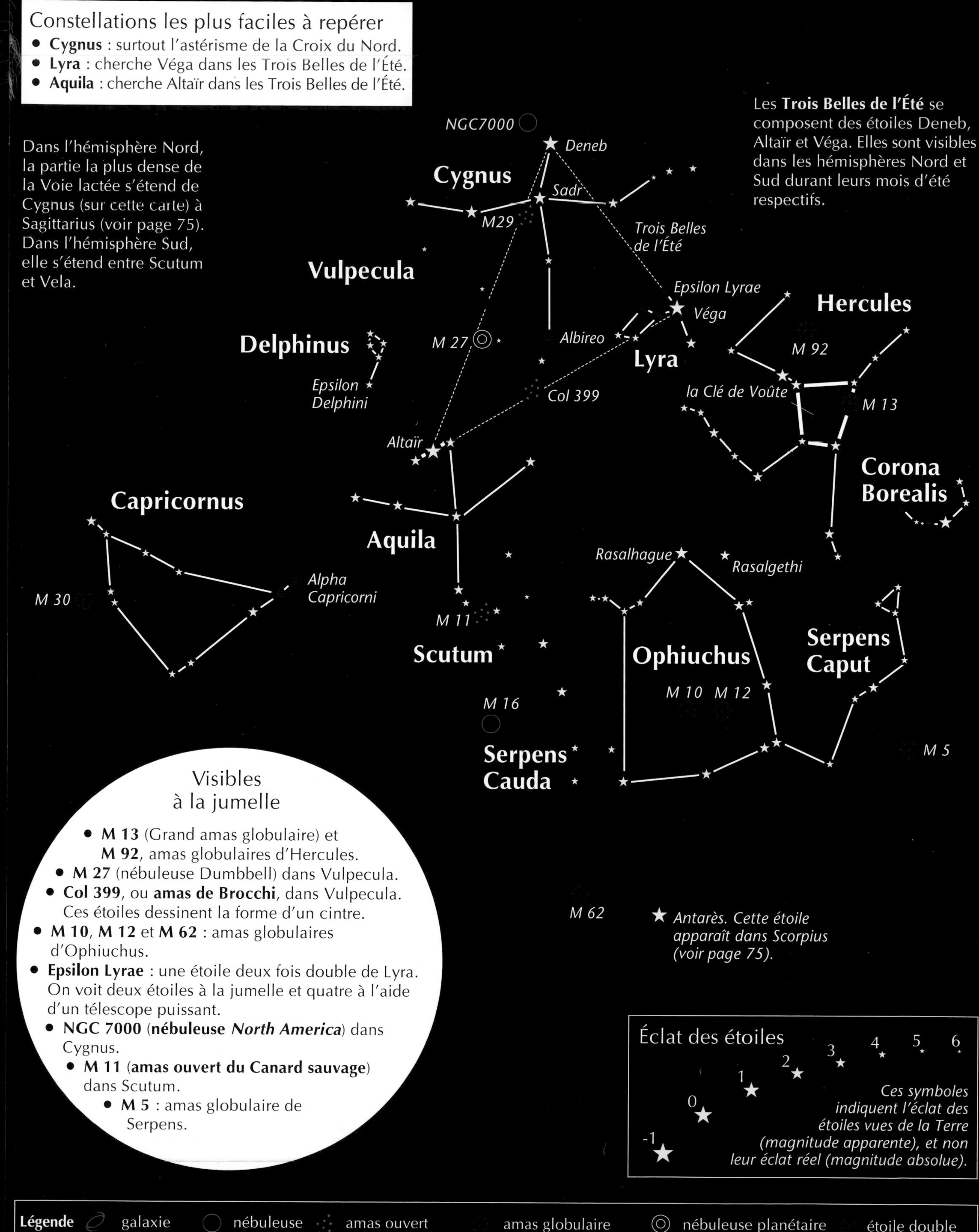
Constellations les plus faciles à repérer
• Cygnus : surtout l'astérisme de la Croix du Nord.
• Lyra : cherche Véga dans les Trois Belles de l'Été.
• Aquila : cherche Altaïr dans les Trois Belles de l'Été.
Dans l'hémisphère Nord, la partie la plus dense de la Voie lactée s'étend de Cygnus (sur cette carte) à Sagittarius (voir page 75). Dans l'hémisphère Sud, elle s'étend entre Scutum et Vela.
Les Trois Belles de l'Été se composent des étoiles Deneb, Altaïr et Véga. Elles sont visibles dans les hémisphères Nord et Sud durant leurs mois d'été respectifs.
NGC7000
Deneb
Cygnus
Sadr
M29
Trois Belles de l'Été
Vulpecula
Epsilon Lyrae
Véga
Hercules
Delphinus
M 27
Albireo
Lyra
M 92
Epsilon Delphini
Col 399
la Clé de Voûte
M 13
Altaïr
Corona Borealis
Capricornus
Aquila
Rasalhague
Rasalgethi
Alpha Capricorni
M 30
M 11
Scutum
Ophiuchus
Serpens Caput
M 10
M 12
M 16
Serpens Cauda
M 5
Visibles à la jumelle
• M 13 (Grand amas globulaire) et M 92, amas globulaires d'Hercules.
• M 27 (nébuleuse Dumbbell) dans Vulpecula.
• Col 399, ou amas de Brocchi, dans Vulpecula. Ces étoiles dessinent la forme d'un cintre.
• M 10, M 12 et M 62 : amas globulaires d'Ophiuchus.
• Epsilon Lyrae : une étoile deux fois double de Lyra. On voit deux étoiles à la jumelle et quatre à l'aide d'un télescope puissant.
• NGC 7000 (nébuleuse North America) dans Cygnus.
• M 11 (amas ouvert du Canard sauvage) dans Scutum.
• M 5 : amas globulaire de Serpens.
M 62
Antarès. Cette étoile apparaît dans Scorpius (voir page 75).
Éclat des étoiles
-1
0
1
2
3
4
5
6
Ces symboles indiquent l'éclat des étoiles vues de la Terre (magnitude apparente), et non leur éclat réel (magnitude absolue).
Légende
galaxie
nébuleuse
amas ouvert
amas globulaire
nébuleuse planétaire
étoile double

DE CAMELOPARDALIS À AQUARIUS

Camelopardalis (la Girafe)
Étoiles difficiles à voir à l'œil nu.

Perseus (Persée)
Persée était un héros grec. Il y a plusieurs amas d'étoiles ouverts dans Persée, mais la vedette en est l'amas double de NGC 869 et 884.

L'étoile variable binaire à éclipse Algol a une période de près de trois jours. Si l'une des étoiles passe devant l'autre, Algol perd environ la moitié de son éclat.

Une pluie de météores a lieu dans Persée tous les ans entre le 25 juillet et le 20 août. Elle atteint son maximum le 12 août.

Andromeda (Andromède)
Andromède, une princesse, a été sauvée d'un monstre par Persée.

Andromeda contient M 31, la galaxie d'Andromède ou Grande Galaxie spirale. Située à 2,9 millions d'années-de-lumière, elle est l'objet visible à l'œil nu le plus lointain.

Triangulum (le Triangle)
Motif compact composé de trois étoiles, assez facile à voir par une nuit sans lune. Il contient M 33, la galaxie du Moulin.

Aries (le Bélier)
Aries est composé de quatre étoiles principales.

Pisces (les Poissons)
Dans la mythologie grecque, c'étaient deux poissons reliés par un long ruban. Cette constellation n'est pas facile à repérer. Sa partie la plus visible est le petit cercle situé sous le Carré de Pégase, appelé Poisson occidental, ou Petit Cercle.

Cetus (la Baleine)
Cetus contient l'étoile variable Mira. Pendant la moitié de l'année, Mira est visible à l'œil nu. Puis elle pâlit et disparaît. Elle a une période de 331 jours.

Cepheus (Céphée)
Cepheus ressemble un peu au pignon d'une maison. Dans la mythologie grecque, Céphée, roi d'Éthiopie, épousa Cassiopée (voir ci-dessous). Son étoile la plus brillante est Alderamin.

Delta Cephei est une étoile variable dont la période est de 5 jours, 8 heures et 48 minutes.

Cassiopeia (Cassiopée)
Cassiopeia siège à côté de son époux, Cepheus. Sa forme en W* la rend facile à repérer. Deux des étoiles d'un de ses bouts peuvent servir de point de repère de la constellation Andromeda.

Lacerta (le Lézard)
Lacerta est un zigzag d'étoiles à faible éclat, difficile à distinguer.

Pegasus (Pégase)
Dans la mythologie grecque, Pégase était un cheval volant. Avec l'étoile extrême d'Andromède, trois de ses étoiles forment le Carré de Pégase. Celui-ci est assez facile à repérer, car c'est l'une des formes géométriques les plus grandes du ciel nocturne.

Equuleus (le Petit Cheval)
Equuleus est difficile à repérer, même par une nuit sans nuages. Les deux étoiles qui forment Delta Equuleus, une étoile double, sont très proches, sur le plan des distances spatiales. Elles sont pourtant aussi distantes l'une de l'autre que le Soleil l'est de Jupiter.

Aquarius (le Verseau)
Aquarius n'est pas facile à repérer. Le petit groupe d'étoiles qui se trouve en haut représente une cruche d'eau. Les étoiles qui se trouvent en dessous forment le jet d'eau qui s'en écoule.

Aquarius contient une nébuleuse planétaire, la nébuleuse de l'Hélice, que l'on peut voir à la jumelle par une nuit très noire. C'est une tache floue environ deux fois plus petite que la Lune. Elle est assez difficile à repérer.

Du 24 avril au 20 mai, une pluie de météores, appelées les Aquarides, apparaît dans cette région.

*Cassiopeia a la forme d'un M la moitié de l'année.

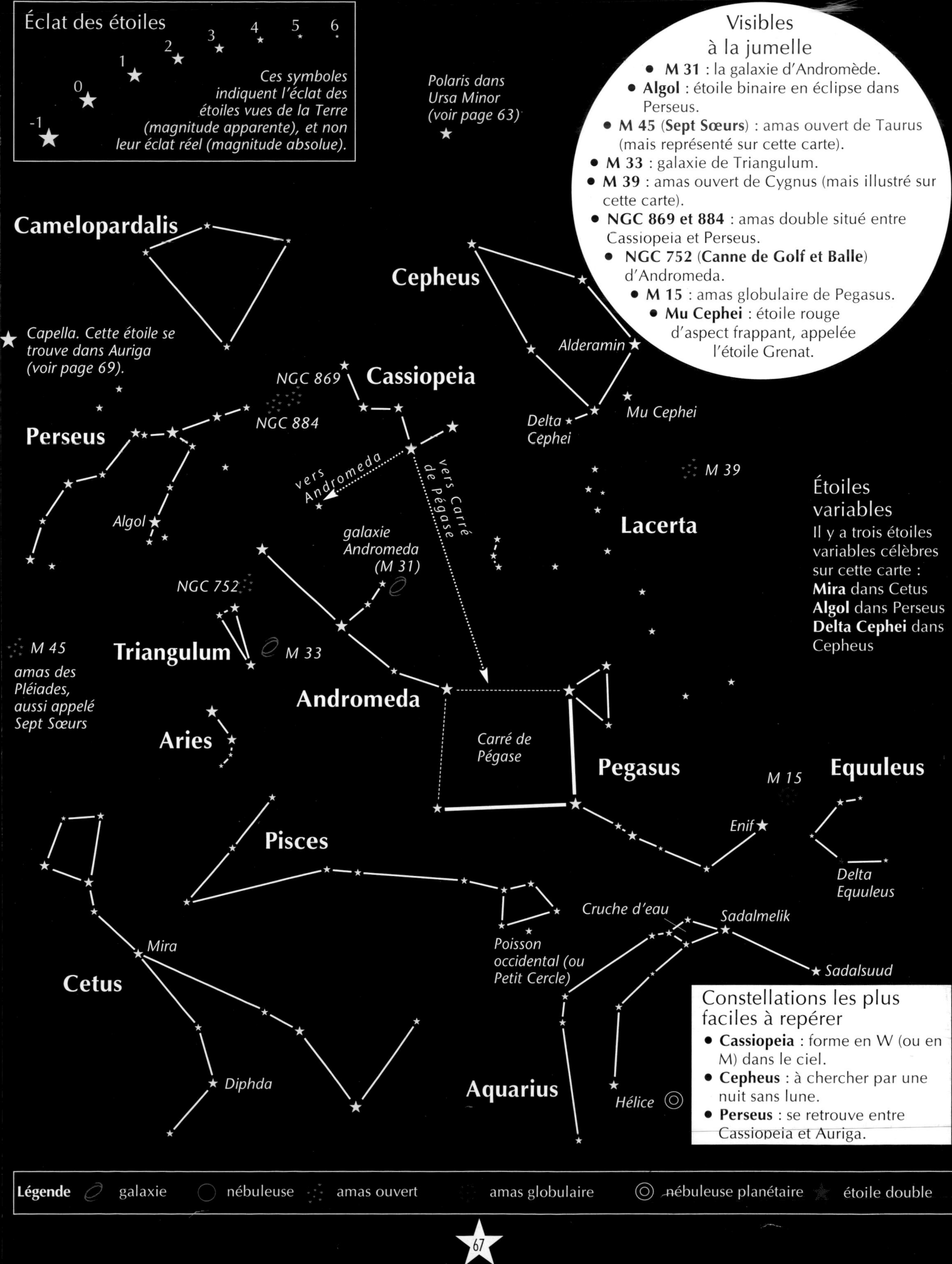

Éclat des étoiles
-1
0
1
2
3
4
5
6
Ces symboles indiquent l'éclat des étoiles vues de la Terre (magnitude apparente), et non leur éclat réel (magnitude absolue).
Polaris dans Ursa Minor (voir page 63)
Visibles à la jumelle
• **M 31** : la galaxie d'Andromède.
• **Algol** : étoile binaire en éclipse dans Perseus.
• **M 45** (**Sept Sœurs**) : amas ouvert de Taurus (mais représenté sur cette carte).
• **M 33** : galaxie de Triangulum.
• **M 39** : amas ouvert de Cygnus (mais illustré sur cette carte).
• **NGC 869 et 884** : amas double situé entre Cassiopeia et Perseus.
• **NGC 752** (**Canne de Golf et Balle**) d'Andromeda.
• **M 15** : amas globulaire de Pegasus.
• **Mu Cephei** : étoile rouge d'aspect frappant, appelée l'étoile Grenat.
Camelopardalis
Cepheus
Capella. Cette étoile se trouve dans Auriga (voir page 69).
NGC 869
Cassiopeia
Alderamin
NGC 884
Perseus
Delta Cephei
Mu Cephei
vers Andromeda
vers Carré de Pégase
M 39
Étoiles variables
Il y a trois étoiles variables célèbres sur cette carte : **Mira** dans Cetus **Algol** dans Perseus **Delta Cephei** dans Cepheus
Algol
Lacerta
galaxie Andromeda (M 31)
NGC 752
M 45
amas des Pléiades, aussi appelé Sept Sœurs
Triangulum
M 33
Andromeda
Aries
Carré de Pégase
Pegasus
M 15
Equuleus
Enif
Pisces
Delta Equuleus
Cruche d'eau
Sadalmelik
Mira
Poisson occidental (ou Petit Cercle)
Sadalsuud
Cetus
Constellations les plus faciles à repérer
• **Cassiopeia** : forme en W (ou en M) dans le ciel.
• **Cepheus** : à chercher par une nuit sans lune.
• **Perseus** : se retrouve entre Cassiopeia et Auriga.
Diphda
Aquarius
Hélice
Légende
galaxie
nébuleuse
amas ouvert
amas globulaire
nébuleuse planétaire
étoile double

DE GEMINI À LEPUS

Gemini (les Gémeaux)

Les étoiles Castor et Pollux de Gemini sont souvent appelées les Gémeaux. En fait, Castor se compose de six étoiles rapprochées, mais il n'est pas possible de les voir séparément, même à la jumelle.

Du 7 au 15 décembre, tous les ans, une pluie de météores, les Géminides, se produit dans cette région du ciel.

Canis Minor (le Petit Chien)

Cette constellation représente le plus petit des deux chiens d'Orion, le chasseur grec mythique.

Procyon, dans Canis Minor, est la huitième étoile la plus brillante du ciel. Située à seulement 11 années-de-lumière de la Terre, c'est l'une des plus proches.

Il y a de nombreux amas d'étoiles dans le ciel aux alentours de Canis Minor, Monoceros et Canis Major (voir ci-après pour ces deux constellations).

Monoceros (la Licorne)

Monoceros est difficile à observer. En la parcourant à la jumelle, tu devrais apercevoir les nombreux amas d'étoiles ouverts à faible éclat qui s'y trouvent. Dans l'hémisphère Nord, en hiver, c'est la partie la plus brillante de la Voie lactée.

Canis Major (le Grand Chien)

Groupe compact d'étoiles brillantes. Sirius (l'étoile du Grand Chien) est l'étoile la plus brillante du ciel. Elle se trouve à environ 8,6 années-de-lumière de la Terre. Il y a un amas d'étoiles ouvert, appelé M 41, dans Canis Major.

Auriga (le Cocher)

Cette constellation ressemble à un cerf-volant. Un triangle distinct, mais à faible éclat, les Chevreaux, se trouve tout près. L'étoile variable Epsilon Aurigae en fait partie. Tous les 27 ans, elle est éclipsée par une forme sombre mystérieuse, peut-être un disque gigantesque de gaz et de poussière.

Capella, la sixième étoile la plus brillante du ciel, se trouve à 42 années-de-lumière. Elle se compose en fait de six étoiles mais, même à l'aide d'un télescope puissant, on n'en voit qu'une. Les amas d'étoiles M 36, M 37 et M 38 sont tout près.

Taurus (le Taureau)

Les étoiles qui composent la tête du taureau s'appellent les Hyades. L'œil du taureau est l'étoile double Aldébaran.

L'amas d'étoiles des Pléiades se trouve aussi dans Taurus. On l'appelle souvent les Sept Sœurs, bien qu'à l'œil nu, on ne voie la plupart du temps que six étoiles.

Selon une légende grecque, les Pléiades auraient été des sœurs placées dans le ciel à l'abri d'Orion, qui les pourchassait.

Taurus contient aussi M 1, la nébuleuse du Crabe. C'est le résidu d'une supernova qui a explosé en 1054. Au milieu se trouve un pulsar, les restes de l'étoile d'origine. Il tourne sur lui-même 33 fois par seconde.

Tous les ans, entre le 20 octobre et le 30 novembre, une pluie de météores, appelée les Taurides, se produit dans cette région du ciel.

Orion

Orion était un grand chasseur de la mythologie grecque. Cette constellation contient de nombreuses étoiles brillantes. Rigel, une étoile blanc bleuté, est la septième étoile la plus brillante du ciel. L'étoile rouge Bételgeuse est une étoile variable à période irrégulière.

Essaie de repérer la nébuleuse d'Orion, située juste en dessous des trois étoiles qui forment la ceinture d'Orion. Elle contient Thêta Orionis, un système multiple de quatre étoiles, aussi appelé le Trapèze.

Tous les ans, vers le 22 octobre, une pluie de météores, les Orionides, tombe entre Orion et Gemini.

Lepus (le Lièvre)

Le lièvre était l'animal qu'Orion aimait le plus chasser.

Pour trouver ce site, va sur **www.usborne-quicklinks.com/fr**
★ Une rubrique sur la constellation d'Orion.

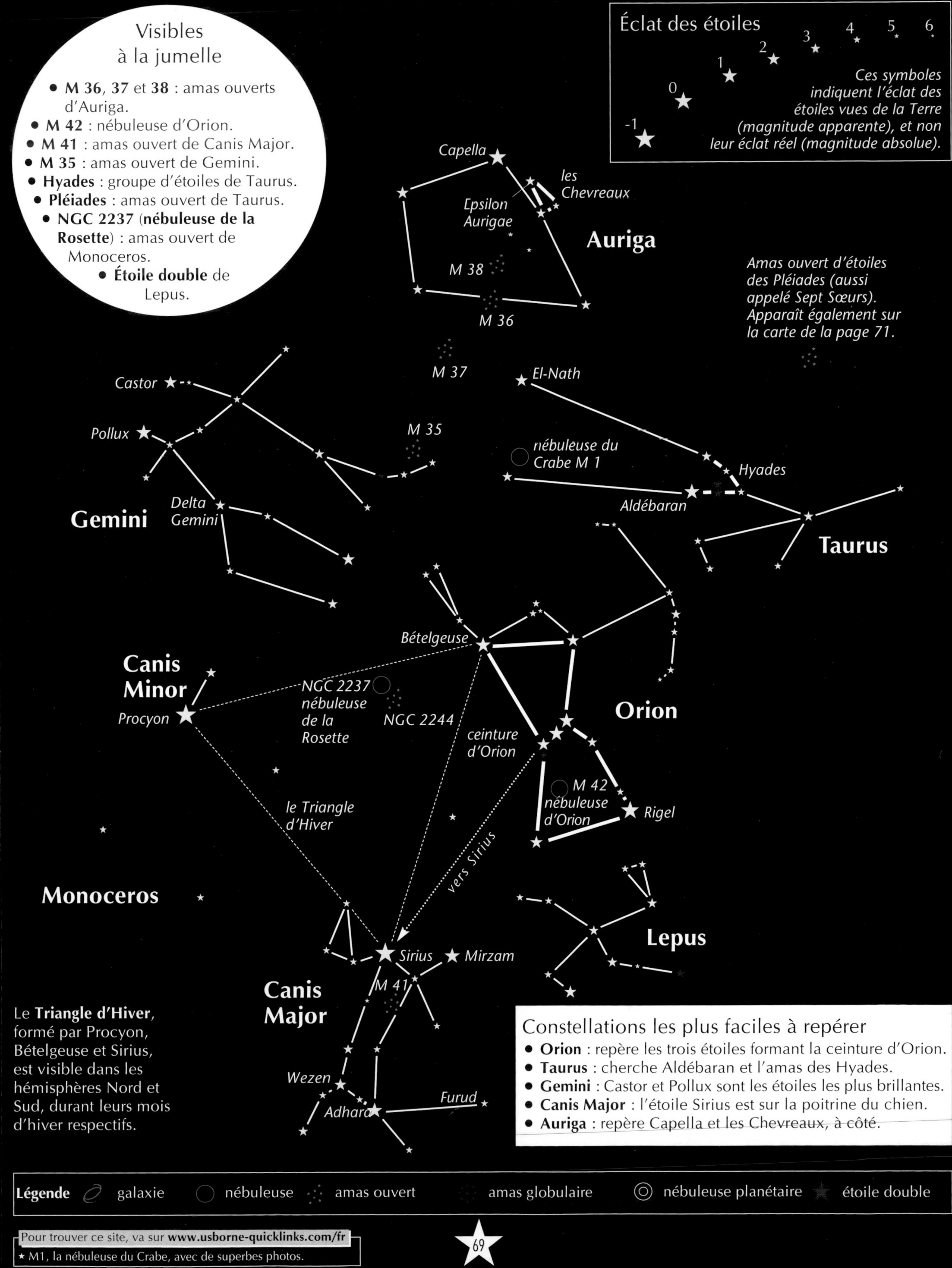
Visibles à la jumelle
• M 36, 37 et 38 : amas ouverts d'Auriga.
• M 42 : nébuleuse d'Orion.
• M 41 : amas ouvert de Canis Major.
• M 35 : amas ouvert de Gemini.
• Hyades : groupe d'étoiles de Taurus.
• Pléiades : amas ouvert de Taurus.
• NGC 2237 (nébuleuse de la Rosette) : amas ouvert de Monoceros.
• Étoile double de Lepus.
Éclat des étoiles
-1
0
1
2
3
4
5
6
Ces symboles indiquent l'éclat des étoiles vues de la Terre (magnitude apparente), et non leur éclat réel (magnitude absolue).
Capella
les Chevreaux
Epsilon Aurigae
Auriga
M 38
M 36
M 37
Amas ouvert d'étoiles des Pléiades (aussi appelé Sept Sœurs). Apparaît également sur la carte de la page 71.
El-Nath
Castor
Pollux
M 35
nébuleuse du Crabe M 1
Hyades
Aldébaran
Taurus
Gemini
Delta Gemini
Bételgeuse
Canis Minor
Procyon
NGC 2237 nébuleuse de la Rosette
NGC 2244
Orion
ceinture d'Orion
M 42 nébuleuse d'Orion
Rigel
le Triangle d'Hiver
vers Sirius
Monoceros
Lepus
Sirius
Mirzam
Canis Major
M 41
Wezen
Adhara
Furud
Le Triangle d'Hiver, formé par Procyon, Bételgeuse et Sirius, est visible dans les hémisphères Nord et Sud, durant leurs mois d'hiver respectifs.
Constellations les plus faciles à repérer
• Orion : repère les trois étoiles formant la ceinture d'Orion.
• Taurus : cherche Aldébaran et l'amas des Hyades.
• Gemini : Castor et Pollux sont les étoiles les plus brillantes.
• Canis Major : l'étoile Sirius est sur la poitrine du chien.
• Auriga : repère Capella et les Chevreaux, à côté.
Légende
galaxie
nébuleuse
amas ouvert
amas globulaire
nébuleuse planétaire
étoile double
Pour trouver ce site, va sur www.usborne-quicklinks.com/fr
★ M1, la nébuleuse du Crabe, avec de superbes photos.
69

DE COLUMBA À MICROSCOPIUM

Columba (la Colombe)
Groupe distinct d'étoiles situé près de Canopus, dans Carina (voir la carte de la page 73).

Horologium (l'Horloge)
Dans cette constellation, seule l'étoile proche de Caelum (voir ci-dessous) est facilement visible.

Caelum (le Burin)
Se compose de quelques étoiles à très faible éclat.

Reticulum (le Réticule)
Ce groupe distinct d'étoiles peu lumineuses se trouve entre Canopus de Carina et Achernar d'Eridanus.

Mensa (la Table)
Ne cherche cette constellation peu brillante que par une nuit très claire. Elle se trouve près du Grand Nuage de Magellan.

Hydrus (l'Hydre mâle)
Les trois étoiles les plus brillantes d'Hydrus forment un grand triangle situé entre les taches floues des Nuages de Magellan.

Octans (l'Octant)
Cette constellation entoure le point imaginaire qui se trouve directement au-dessus du pôle Sud dans l'axe de la Terre. Ce point, marqué d'une croix sur la carte, est le pôle céleste austral. Contrairement au pôle céleste boréal, marqué par Polaris (l'étoile Polaire), l'emplacement exact du pôle céleste austral n'est indiqué par aucune étoile.

Pavo (le Paon)
Pavo se compose de plusieurs étoiles assez brillantes et assez rapprochées. Elles sont ainsi plus faciles à localiser. L'étoile variable Kappa Pavonis a une période de neuf jours.

Indus (l'Indien)
Indus s'étend entre Pavo, Microscopium et Grus.

Fornax (le Fourneau)
Cette petite constellation est proche d'une partie de la courbe d'Eridanus.

Eridanus (Éridan)
Eridanus est une longue ligne sinueuse d'étoiles qui porte le nom d'une rivière de la mythologie grecque. Epsilon Eridani est à 10,8 années-de-lumière de distance du système solaire et, en magnitude absolue, est semblable à notre Soleil. Achernar est la neuvième étoile la plus brillante du ciel. Elle se trouve à 85 années-de-lumière.

Tucana (le Toucan)
Tucana renferme le Petit Nuage de Magellan. L'amas d'étoiles 47Tuc (NGC 104) est le deuxième amas globulaire le plus beau, après Oméga Centauri.

Sculptor (le Sculpteur)
Composée d'étoiles indistinctes et difficile à repérer.

Phoenix (le Phénix)
Phoenix a été nommée d'après l'oiseau mythologique qui renaît de ses cendres.

Piscis Austrinus (le Poisson austral)
Comprend l'étoile Fomalhaut, située à 24 années-de-lumière de la Terre. Elle possède peut-être elle-même des planètes.

Grus (la Grue)
L'étoile la plus brillante de ce groupe bien visible est Alnaïr.

Microscopium (le Microscope)
Ses étoiles brillent faiblement. Elle est très difficile à distinguer.

Les Nuages de Magellan
Les Nuages de Magellan sont des galaxies de forme irrégulière. Ce sont des galaxies satellites de notre Voie lactée captées par son immense force d'attraction.

Pour trouver ce site, va sur **www.usborne-quicklinks.com/fr**
★ Les Nuages de Magellan, avec photos et informations complémentaires.

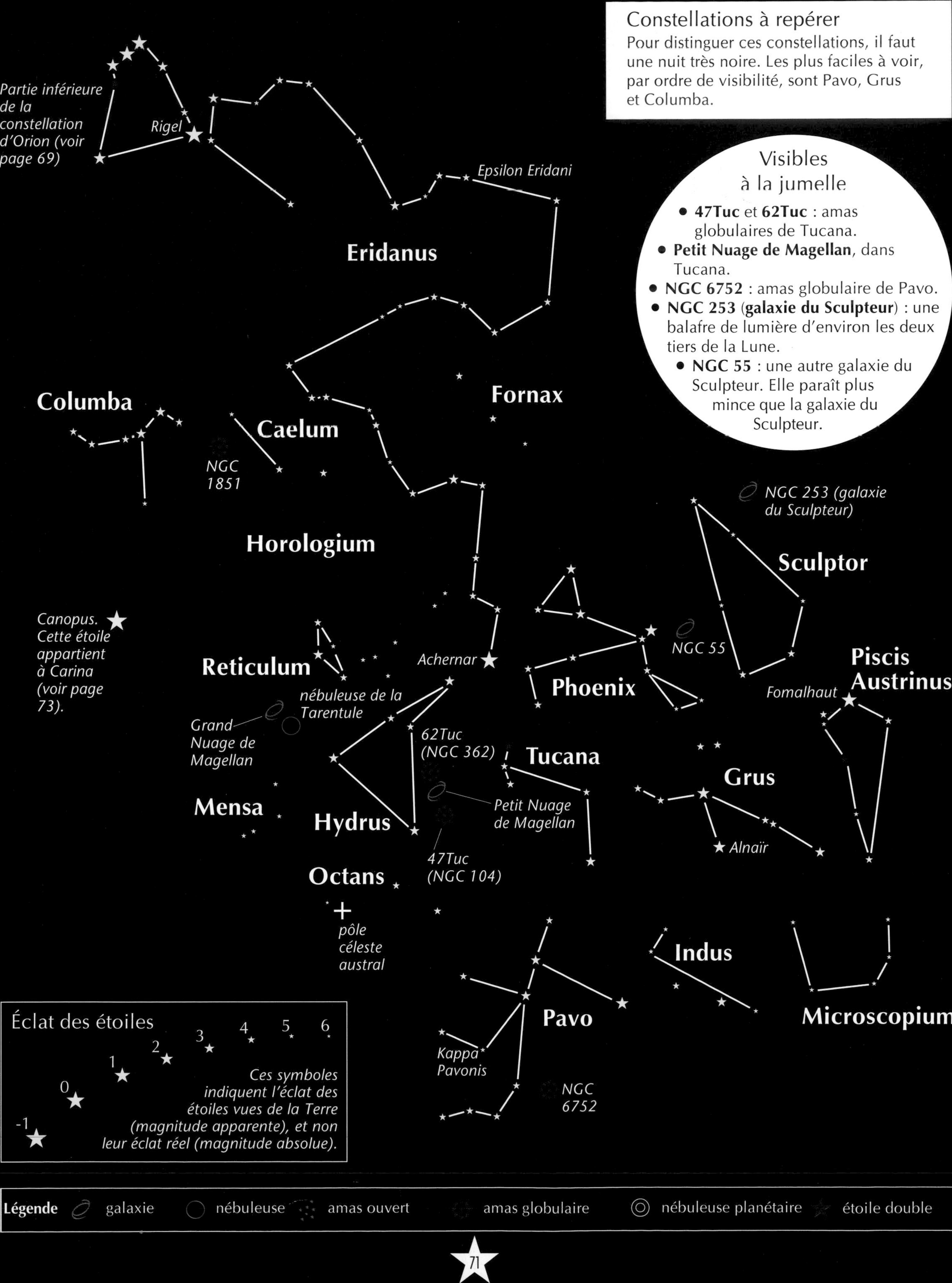
Constellations à repérer
Pour distinguer ces constellations, il faut une nuit très noire. Les plus faciles à voir, par ordre de visibilité, sont Pavo, Grus et Columba.
Visibles à la jumelle
• 47Tuc et 62Tuc : amas globulaires de Tucana.
• Petit Nuage de Magellan, dans Tucana.
• NGC 6752 : amas globulaire de Pavo.
• NGC 253 (galaxie du Sculpteur) : une balafre de lumière d'environ les deux tiers de la Lune.
• NGC 55 : une autre galaxie du Sculpteur. Elle paraît plus mince que la galaxie du Sculpteur.
Partie inférieure de la constellation d'Orion (voir page 69)
Rigel
Epsilon Eridani
Eridanus
Columba
Caelum
NGC 1851
Fornax
Horologium
NGC 253 (galaxie du Sculpteur)
Sculptor
Canopus. Cette étoile appartient à Carina (voir page 73).
Reticulum
Achernar
NGC 55
Phoenix
Piscis Austrinus
Fomalhaut
nébuleuse de la Tarentule
Grand Nuage de Magellan
62Tuc (NGC 362)
Tucana
Grus
Mensa
Hydrus
Petit Nuage de Magellan
Alnaïr
47Tuc (NGC 104)
Octans
pôle céleste austral
Indus
Microscopium
Pavo
Kappa Pavonis
NGC 6752
Éclat des étoiles
-1
0
1
2
3
4
5
6
Ces symboles indiquent l'éclat des étoiles vues de la Terre (magnitude apparente), et non leur éclat réel (magnitude absolue).
Légende
galaxie
nébuleuse
amas ouvert
amas globulaire
nébuleuse planétaire
étoile double

DE CORVUS À DORADO

Corvus (le Corbeau)
Ce groupe distinct de quatre étoiles principales se trouve dans une partie plutôt vide du ciel, et il est donc facile à repérer.

Crater (la Coupe)
Le groupe d'étoiles principal de cette constellation ressemble un peu à une version moins brillante de Corvus.

Antlia (la Machine pneumatique)
Ce groupe d'étoiles peu lumineuses est très difficile à trouver.

Vela (les Voiles)
Le contour de Vela est marqué d'étoiles brillantes. En la regardant à la jumelle, tu verras également de nombreuses autres étoiles plus petites.

Avec Iota et Epsilon Carinae, Kappa et Delta Velorum forment la Fausse Croix.

Chameleon (le Caméléon)
Cette constellation se compose de quatre étoiles à faible éclat et donc difficiles à voir, comme un vrai caméléon camouflé.

Volans (le Poisson volant)
Ce groupe distinct d'étoiles peu brillantes est en partie entouré par la constellation Carina.

Sextans (le Sextant)
Ce petit groupe d'étoiles à faible éclat se trouve entre Leo (voir page 63) et Hydra.

Hydra (l'Hydre femelle)
C'est la constellation la plus longue et la plus grande du ciel. Elle forme une ligne sinueuse d'étoiles plutôt pâles. La tête se compose d'un groupe distinct d'étoiles.

Sa seule étoile brillante, Alphard, est parfois surnommée « la Solitaire », car il n'y a pas d'autre étoile brillante à proximité.

Pyxis (la Boussole)
Cette constellation se compose de seulement trois étoiles, qui sont situées entre Vela et Puppis (voir ci-dessous).

Puppis (la Poupe)
Il y a un grand nombre d'étoiles et d'amas ouverts visibles à la jumelle à cet endroit.

Carina (la Carène)
À un bout se trouve Canopus, située à 1 200 années-de-lumière et la deuxième étoile la plus brillante du ciel. Avec deux étoiles de la constellation Vela, Kappa et Delta Velorum, Epsilon et Iota Carinae forment la Fausse Croix.

Pictor (le Chevalet du Peintre)
Des photographies de Bêta Pictoris ont révélé un cercle de matière autour de cette étoile. Pour cette raison, de nombreux astronomes pensent qu'il y a là des planètes en formation, bien qu'on n'en ait vu aucune.

Dorado (la Dorade)
Dorado renferme le Grand Nuage de Magellan, une galaxie irrégulière. Elle est seulement visible de l'hémisphère Sud et ressemble à une tache floue.

Une supernova célèbre a eu lieu dans le Grand Nuage de Magellan en 1987. C'était de loin la supernova la plus brillante et la plus proche depuis 1604.

Une nébuleuse brillante, la nébuleuse de la Tarentule, est visible dans le Grand Nuage de Magellan.

Argo Navis (le Navire)
Autrefois, Vela, Puppis et Carina faisaient partie d'une immense constellation, Argo Navis. L'astronome Nicolas Lacaille en fit des constellations distinctes en 1756. La Voie lactée s'étend sur toute la longueur d'Argo Navis, se terminant par des nuages brillants d'étoiles qui entourent la nébuleuse de Carina (NGC 3372).

Pour trouver ce site, va sur **www.usborne-quicklinks.com/fr**
★ Une fiche sur la nébuleuse de la Tarentule, avec photo.

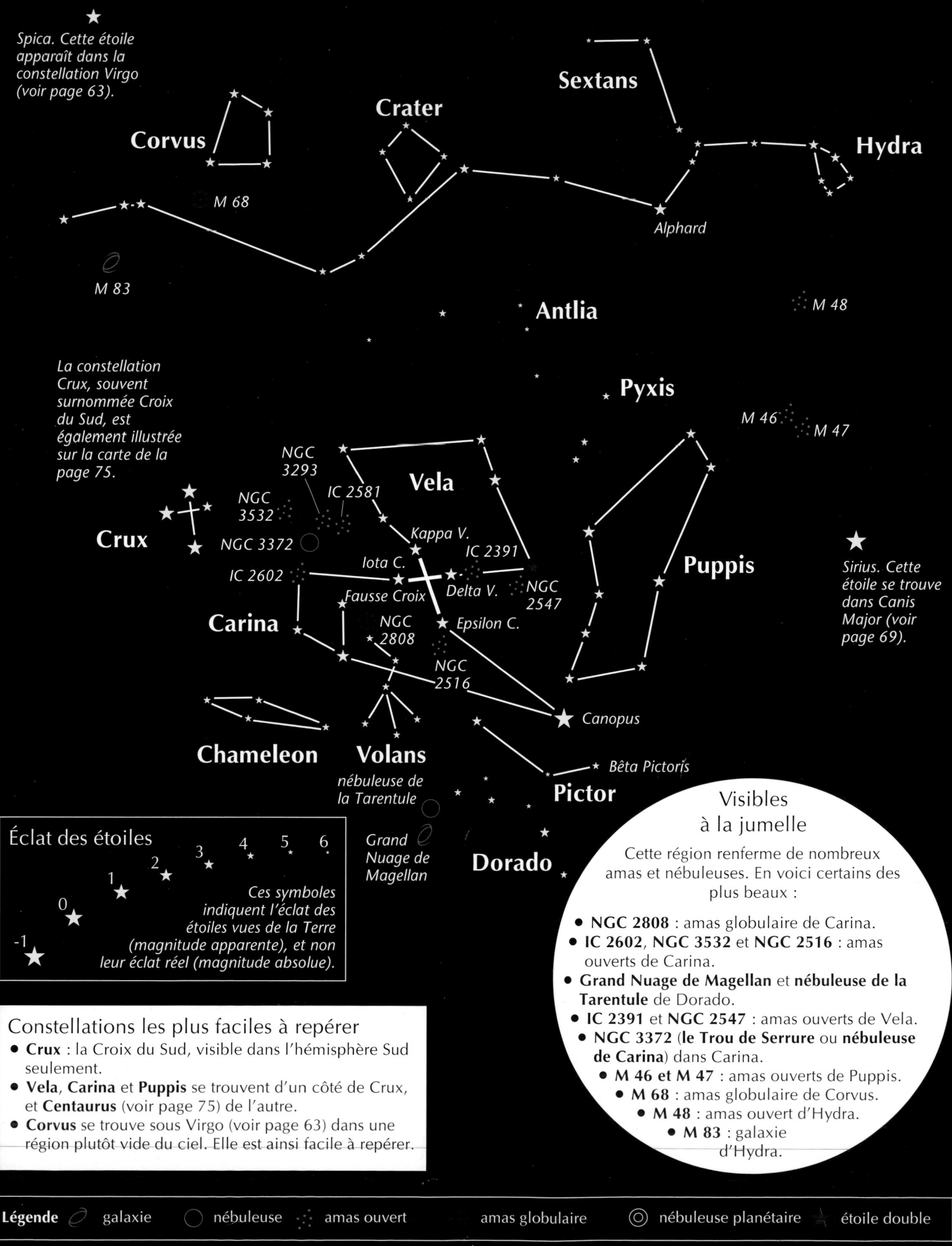

Visibles à la jumelle

Cette région renferme de nombreux amas et nébuleuses. En voici certains des plus beaux :

- **NGC 2808** : amas globulaire de Carina.
- **IC 2602**, **NGC 3532** et **NGC 2516** : amas ouverts de Carina.
- **Grand Nuage de Magellan** et **nébuleuse de la Tarentule** de Dorado.
- **IC 2391** et **NGC 2547** : amas ouverts de Vela.
- **NGC 3372** (**le Trou de Serrure** ou **nébuleuse de Carina**) dans Carina.
- **M 46 et M 47** : amas ouverts de Puppis.
- **M 68** : amas globulaire de Corvus.
- **M 48** : amas ouvert d'Hydra.
- **M 83** : galaxie d'Hydra.

Constellations les plus faciles à repérer

- **Crux** : la Croix du Sud, visible dans l'hémisphère Sud seulement.
- **Vela**, **Carina** et **Puppis** se trouvent d'un côté de Crux, et **Centaurus** (voir page 75) de l'autre.
- **Corvus** se trouve sous Virgo (voir page 63) dans une région plutôt vide du ciel. Elle est ainsi facile à repérer.

Légende galaxie · nébuleuse · amas ouvert · amas globulaire · nébuleuse planétaire · étoile double

DE SAGITTARIUS À CRUX

Sagittarius
(le Sagittaire)
Le Sagittaire est un archer de l'Antiquité romaine. Cette constellation renferme beaucoup d'étoiles brillantes. À sa droite se trouve la nébuleuse M 8, qui contient des étoiles en formation. D'autres nébuleuses sont visibles à la jumelle.

Corona Australis
(la Couronne australe)
Ses étoiles, peu lumineuses, forment une courbe.

Telescopium
(le Télescope)
Ce groupe d'étoiles à faible lueur est près de la queue de la grande constellation Scorpius.

Ara
(l'Autel)
Pour trouver Ara, il faut chercher entre l'étoile brillante Alpha Centauri (dans Centaurus) et la queue de Scorpius.

NGC 6397, notre amas globulaire le plus proche, se trouve dans cette constellation. Il est à 8 400 années-de-lumière.

Circinus
(le Compas)
Cette constellation se compose de trois étoiles à faible éclat situées près de l'étoile brillante Alpha Centauri de Centaurus.

Triangulum Australe
(le Triangle austral)
Cette constellation a été découverte par l'explorateur italien Amerigo Vespucci, en 1503. (Il est plus célèbre pour avoir établi que l'Amérique ne fait pas partie de l'Asie, comme le croyaient les premiers explorateurs.)

Apus
(l'Oiseau du Paradis)
Apus est un groupe peu distinct d'étoiles faiblement lumineuses.

Musca
(la Mouche)
Cette constellation peu lumineuse se trouve près de Crux, la Croix du Sud.

Scorpius
(le Scorpion)
Scorpius se compose surtout d'un groupe d'étoiles brillantes, dont la forme ressemble assez à celle d'un scorpion. Antarès est une étoile rouge très brillante.

À la jumelle, on distingue de nombreux amas d'étoiles ouverts et globulaires de faible éclat.

Libra
(la Balance)
Quatre étoiles peu lumineuses forment la partie principale de Libra.

Alpha Librae est une étoile double. Bêta Librae est la seule étoile qui paraît verte à l'œil nu.

Lupus
(le Loup)
Lupus est un motif distinctif d'étoiles brillantes, qui s'étend d'Alpha Centauri à Antarès dans Scorpius.

Norma
(la Règle)
Groupe d'étoiles très pâles. Cette région est toutefois remplie d'amas d'étoiles, parce que Norma se trouve dans la direction de la partie de la Voie lactée qui, dans le ciel nocturne, paraît la plus épaisse.

Centaurus
(le Centaure)
Le centaure est une créature mythique, mi-homme, mi-cheval.

Alpha Centauri est la troisième étoile la plus brillante du ciel. Située à 4,3 années-de-lumière, c'est après le Soleil la deuxième étoile la plus proche de nous. Elle n'est visible que dans l'hémisphère Sud.

Proxima Centauri, une étoile faiblement lumineuse visible au télescope, est la compagne d'Alpha Centauri. Située à 4,25 années-de-lumière de distance, c'est l'étoile la plus proche de la Terre.

Oméga Centauri est l'amas globulaire le plus visible du ciel nocturne (il renferme un million d'étoiles) et l'un des plus proches de nous.

Crux
(la Croix du Sud)
La constellation peut-être la plus célèbre de l'hémisphère Sud.

Alpha et Gamma Crucis donnent la direction du pôle céleste austral (le point qui se trouve directement au-dessus du pôle Sud sur la Terre).

Pour trouver ce site, va sur **www.usborne-quicklinks.com/fr**
★ Une fiche sur la constellation du Triangle austral.

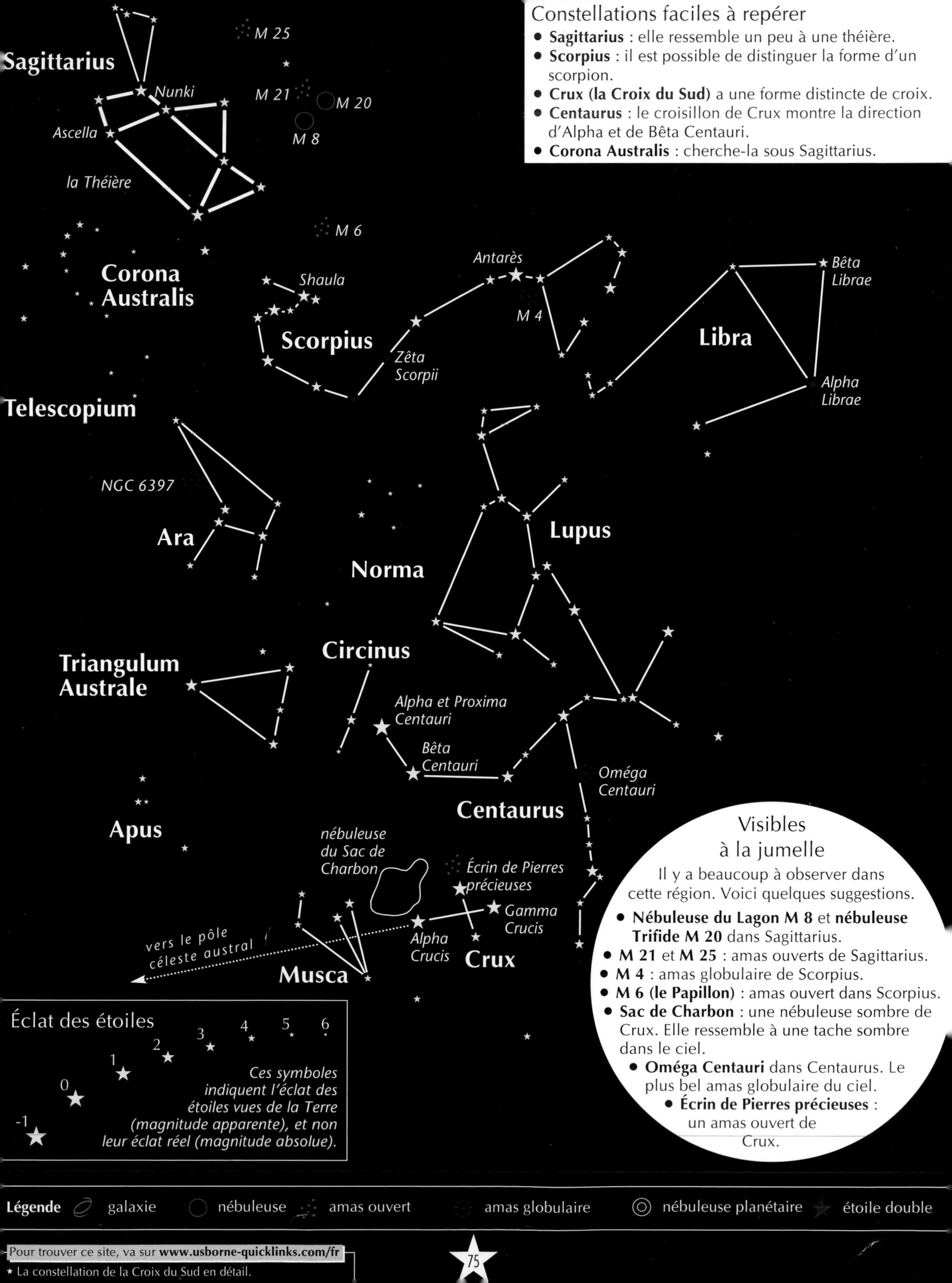
Constellations faciles à repérer
• Sagittarius : elle ressemble un peu à une théière.
• Scorpius : il est possible de distinguer la forme d'un scorpion.
• Crux (la Croix du Sud) a une forme distincte de croix.
• Centaurus : le croisillon de Crux montre la direction d'Alpha et de Bêta Centauri.
• Corona Australis : cherche-la sous Sagittarius.
Sagittarius
M 25
Nunki
M 21
M 20
Ascella
M 8
la Théière
M 6
Corona Australis
Shaula
Antarès
Bêta Librae
M 4
Scorpius
Libra
Zêta Scorpii
Alpha Librae
Telescopium
NGC 6397
Ara
Lupus
Norma
Circinus
Triangulum Australe
Alpha et Proxima Centauri
Bêta Centauri
Oméga Centauri
Centaurus
Apus
nébuleuse du Sac de Charbon
Écrin de Pierres précieuses
Gamma Crucis
Alpha Crucis
Crux
vers le pôle céleste austral
Musca
Visibles à la jumelle
Il y a beaucoup à observer dans cette région. Voici quelques suggestions.
• Nébuleuse du Lagon M 8 et nébuleuse Trifide M 20 dans Sagittarius.
• M 21 et M 25 : amas ouverts de Sagittarius.
• M 4 : amas globulaire de Scorpius.
• M 6 (le Papillon) : amas ouvert dans Scorpius.
• Sac de Charbon : une nébuleuse sombre de Crux. Elle ressemble à une tache sombre dans le ciel.
• Oméga Centauri dans Centaurus. Le plus bel amas globulaire du ciel.
• Écrin de Pierres précieuses : un amas ouvert de Crux.
Éclat des étoiles
-1
0
1
2
3
4
5
6
Ces symboles indiquent l'éclat des étoiles vues de la Terre (magnitude apparente), et non leur éclat réel (magnitude absolue).
Légende
galaxie
nébuleuse
amas ouvert
amas globulaire
nébuleuse planétaire
étoile double
Pour trouver ce site, va sur www.usborne-quicklinks.com/fr
★ La constellation de la Croix du Sud en détail.

L'ASTRONOME AMATEUR

Si tu désires observer toi-même les étoiles et les planètes, il y a plusieurs outils qui te seront utiles. Voici quelques suggestions de matériel.

Jumelles légères

Molettes de mise au point

Oculaires

Objectifs

Le diamètre de l'objectif est la longueur de la ligne qui le partage en deux moitiés égales.

Les cartes du ciel

Les cartes du ciel qui se trouvent dans ce livre de la page 60 à 75 t'aideront à te retrouver dans le ciel nocturne et à reconnaître les différentes constellations.

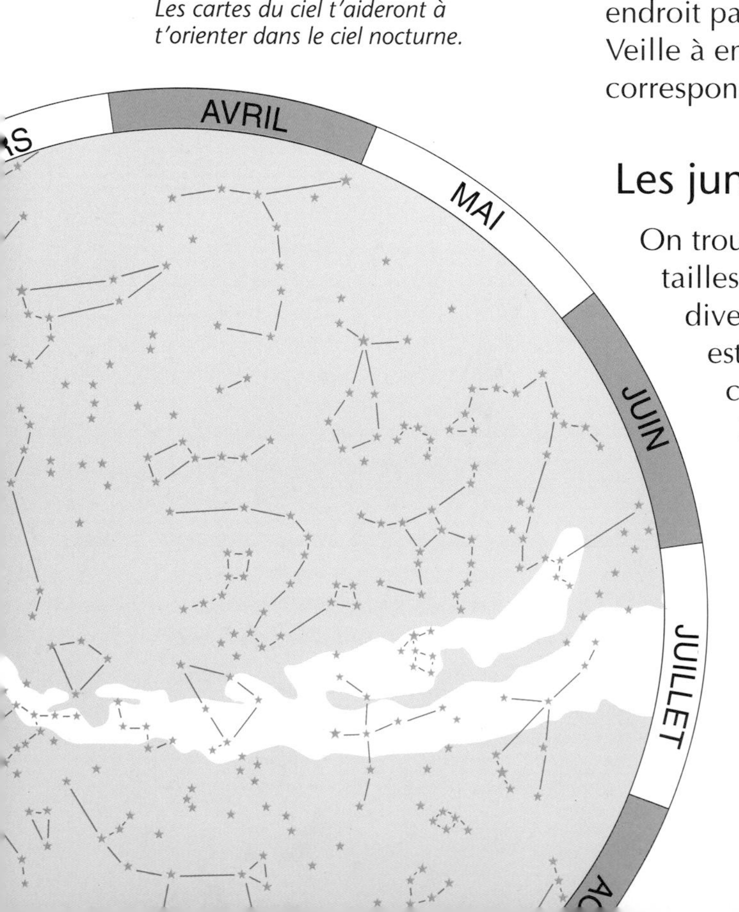

Les cartes du ciel t'aideront à t'orienter dans le ciel nocturne.

Les planisphères

Les planisphères sont des cartes mobiles du ciel nocturne. On peut les faire bouger pour savoir quelles sont les étoiles visibles à un certain moment. Les planisphères sont conçus pour être utilisés à un endroit particulier du monde. Veille à en acheter un qui correspond au lieu où tu vis.

Les jumelles

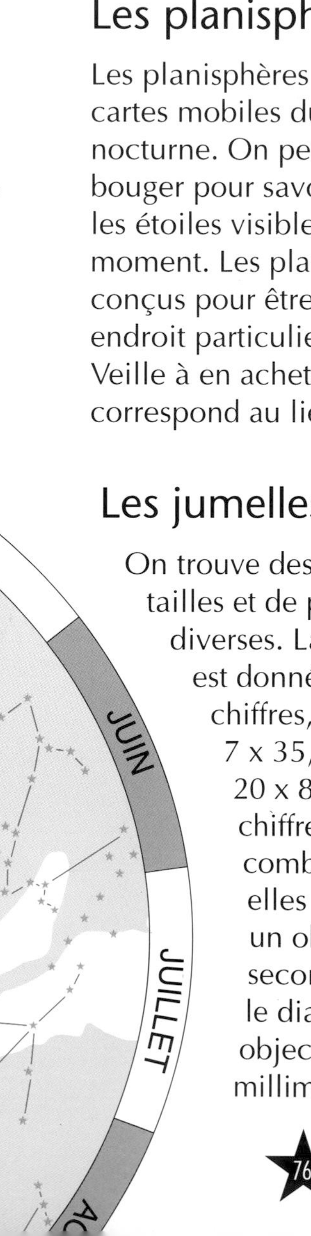

On trouve des jumelles de tailles et de puissances diverses. La puissance est donnée par deux chiffres, par exemple 7 x 35, 10 x 50 ou 20 x 80. Le premier chiffre indique combien de fois elles grossissent un objet. Le second donne le diamètre des objectifs en millimètres.

L'utilisation des jumelles

Les grosses jumelles sont plus puissantes et permettent de voir plus loin. Mais elles sont lourdes et difficiles à tenir sans bouger.

Pour cette raison, il vaut mieux utiliser des jumelles faciles à manier. Essaies-en plusieurs et évite d'en acheter de trop lourdes. Essaie, par exemple, des jumelles de 7 x 35 ou bien de 10 x 50.

Si tes jumelles sont lourdes ou encombrantes, il vaut mieux les monter sur un trépied. Elles resteront stables pendant que tu observeras le ciel.

Les télescopes

Les télescopes de qualité coûtent cher. Les moins chers ne sont pas très puissants, et peu d'astronomes les recommandent. Pour le prix d'un télescope bon marché, il vaut mieux s'acheter une très bonne paire de jumelles.

Tu peux également acquérir un télescope d'occasion. On les trouve dans les petites annonces des revues d'astronomie. Demande l'avis de quelqu'un qui s'y connaît avant tout achat.

Grossissement

À la jumelle, on voit une zone du ciel plus grande. Avec un bon télescope, on voit plus de détails.

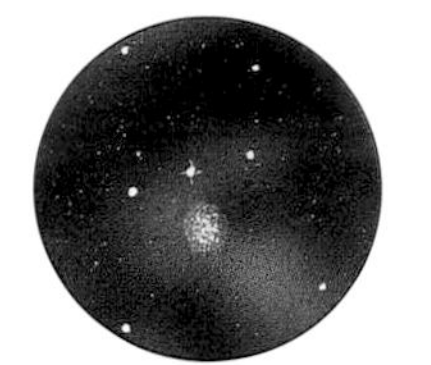

Étoiles vues à l'œil nu

Les mêmes étoiles vues à la jumelle

Les mêmes étoiles vues à l'aide d'un bon télescope

Tu trouveras un petit guide des télescopes à la page 80. Le télescope ci-dessous est un réfracteur. Il recueille la lumière à l'aide d'une lentille.

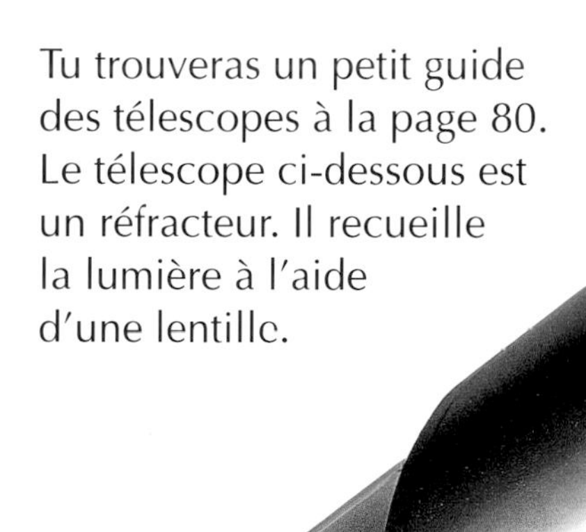

Chercheur. Ce petit télescope permet d'orienter le grand télescope.

Oculaire

Il te faudra une monture. Sans cela, tu n'arriveras pas à maintenir ton télescope en place quand tu essaieras de voir quelque chose.

L'observation

Dehors, il faut une lampe de poche pour lire les cartes du ciel. Pour que la lueur de la lampe ne t'empêche pas de voir le ciel, couvre-la d'un film de plastique rouge transparent.

Ne te décourage pas si tu ne vois pas grand-chose pour commencer. Tes yeux s'habitueront à l'obscurité au bout d'environ vingt minutes, et tu verras plus d'étoiles.

PHOTOS D'ÉTOILES

Il n'est pas nécessaire d'être un astronome ou un photographe chevronnés pour prendre de très bonnes photos du ciel nocturne. Il suffit d'avoir un appareil et un film adaptés et de savoir ce qu'on veut photographier.

La comète Hale-Bopp, visible en 1997, photographiée par un amateur

Que photographier ?

Pour savoir quoi observer à un moment particulier de l'année, consulte des revues d'astronomie. Elles indiquent la liste des constellations visibles, ainsi que des phénomènes particuliers, telle une comète ou une pluie de météores.

Elles proposent également des conseils pour repérer les étoiles, et des petites annonces sur le matériel d'astronomie neuf et d'occasion. Les quotidiens offrent aussi des renseignements sur des phénomènes particuliers.

La constellation d'Orion. On voit bien la ceinture d'Orion – les trois étoiles au milieu.

Le matériel

★ Appareil photo. Il faut un réflexe, dont l'obturateur peut être maintenu ouvert. On les trouve d'occasion. Fais-toi conseiller dans un magasin pour savoir quels sont les moins chers.

★ Un support sur lequel placer l'appareil. Le mieux serait un trépied, mais si tu n'en as pas les moyens, tu peux placer ton appareil sur un mur bas ou sur le toit d'une voiture, en plaçant un coussin dessous.

★ Un câble déclencheur à fixer à l'appareil. Ce dispositif permet de prendre une photo sans toucher à l'appareil ni risquer de le faire bouger. Il ne coûte pas cher.

★ Un morceau de carton de couleur sombre assez grand pour couvrir l'objectif. Le mouvement de l'obturateur peut faire légèrement bouger l'appareil et rendre la photographie floue. Ce morceau de carton te permettra d'éviter ce problème (voir ci-contre).

★ Film. Demande au vendeur un film pouvant être utilisé quand il y a peu de lumière. Un film de 400 ASA ou plus devrait faire l'affaire.

★ Une montre qui donne les secondes.

Un réflexe

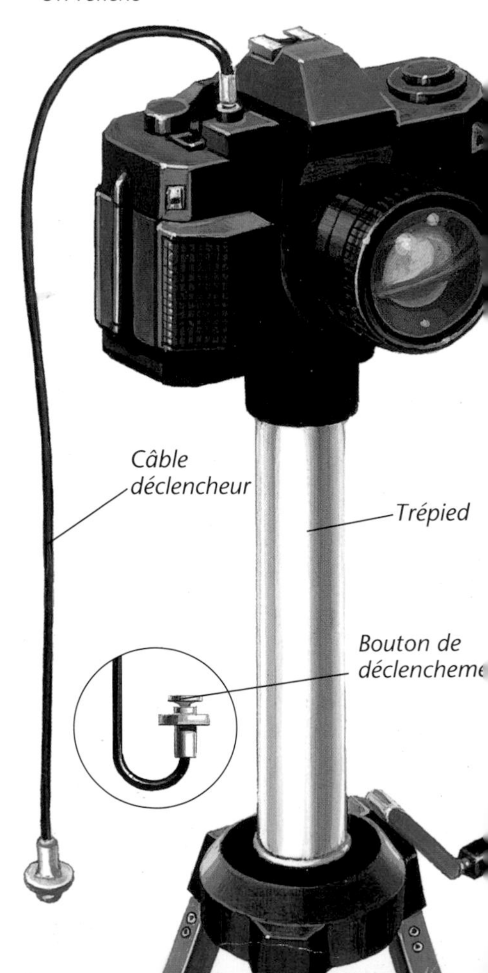

Pour trouver ces sites, va sur www.usborne-quicklinks.com/fr
* Quelques photos d'objets célestes. * D'autres photos de galaxies.

Prendre les photos

Tes photos d'étoiles seront bien meilleures si tu les prends dans l'obscurité, loin des lumières éblouissantes de la rue. Voici comment procéder.

Règle la bague de mise au point à l'infini.

Ouvre l'objectif au maximum, au numéro F le plus petit.

1. Pour commencer, place l'appareil sur un support stable, par exemple un trépied ou un mur bas, et vise l'objet que tu veux photographier dans le ciel. Règle la bague de mise au point à l'infini. Ouvre l'objectif au maximum, jusqu'au F le plus petit.

2. Après avoir réglé l'appareil, laisse-le en place environ une demi-heure, pour qu'il s'adapte à la température et aux conditions extérieures. Cela permettra à la buée qui pourrait se former sur l'objectif de disparaître.

3. Place le morceau de carton devant l'objectif. Appuie sur le bouton du câble déclencheur pendant deux secondes, puis enlève le morceau de carton, sans cesser d'appuyer sur le bouton de déclenchement.

4. Compte jusqu'à 20. Puis replace le morceau de carton sur l'objectif. Lâche le bouton de déclenchement et attends le déclic. Enlève ensuite le carton de l'objectif et enroule le film. Ton appareil est maintenant prêt pour prendre une autre photo.

Conseils utiles

Quand tu feras développer ton film, pense à dire au vendeur que ce sont des photos d'étoiles et qu'il faut tirer toutes les prises. Autrement, il risque de croire que les photos sont ratées et de ne pas les développer.

Essaye différents temps de pose pour voir ce qui donne les résultats les meilleurs.

Des traînées d'étoiles

Comme la Terre tourne sur elle-même, les étoiles paraissent se déplacer dans le ciel pendant la nuit. Pour le montrer en photo, suis les instructions de gauche, mais laisse l'obturateur ouvert pendant au moins dix minutes.

Plus tu laisseras l'obturateur ouvert longtemps, plus les traînées d'étoiles seront longues.

Ta photo sera encore plus belle si tu prends au premier plan un bâtiment, un arbre, une colline distante ou même simplement l'horizon.

Traînée du Chariot photographiée par un amateur (voir page 63)

La nuit, dehors

Pour observer les étoiles ou prendre des photos, tu dois t'habiller chaudement et confortablement.

Même par beau temps, si la nuit est claire, il peut faire froid. Couvre-toi bien et mets un bonnet. Si tu sors plus d'une heure, emporte un casse-croûte et une boisson chaude.

Ne te promène pas dans le noir tout seul. Sors avec quelqu'un, membre de ta famille ou ami, ou avec les membres de ton club d'astronomie.

Saturne et Jupiter dans le ciel nocturne, photographiées par un amateur

TÉLESCOPES

Il existe deux types principaux de télescopes pour observer les étoiles : le télescope à miroir (ou réflecteur) et la lunette astronomique (ou réfracteur).

Le télescope à miroir

Ce télescope concentre la lumière à l'aide d'un miroir. Il est en général moins cher qu'une lunette astronomique de même puissance, mais plus fragile. De temps en temps, le miroir doit être réaligné et enduit de nouveau d'aluminium pour bien réfléchir la lumière.

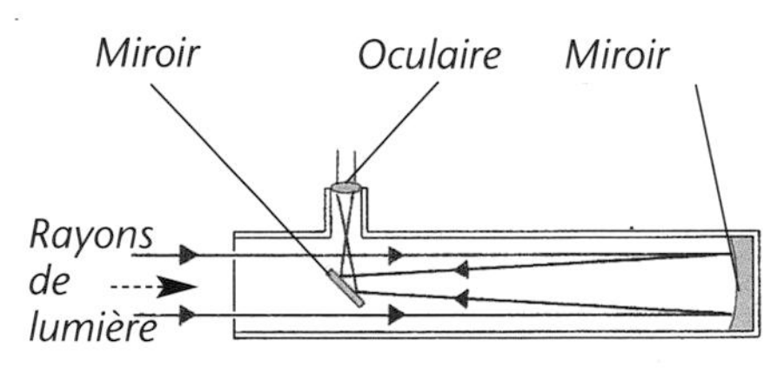

Ce diagramme illustre le cheminement des rayons de lumière dans un télescope à miroir.

La lunette astronomique

Ce télescope concentre la lumière à l'aide d'une lentille en verre. Il est illustré avec une légende à la page 77.

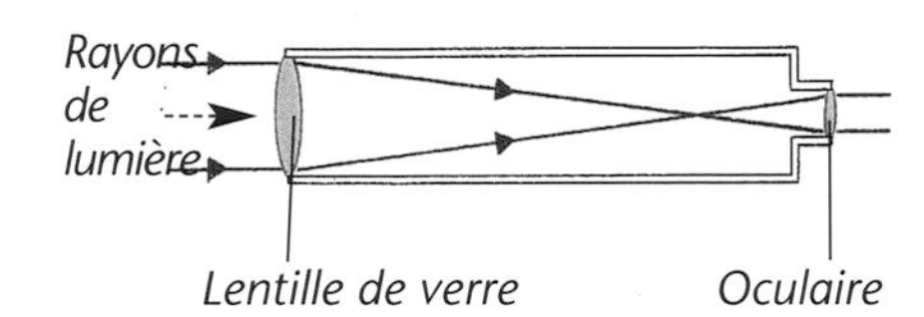

Ce diagramme illustre le cheminement de la lumière dans une lunette astronomique.

La puissance

La puissance d'un télescope se mesure par la taille du miroir, ou de la lentille, dont il est doté. Plus le miroir ou la lentille sont grands, plus le télescope capte de lumière et plus l'image est distincte. Un télescope à miroir de moins de 100 mm, ou bien une lunette astronomique de moins de 75 mm ne donnent pas de résultats adéquats.

Les montures

Pour que ton télescope reste stable, il te faudra un support, ou monture. Les télescopes sont souvent vendus avec la monture. Il en existe deux types : la monture altazimutale et la monture équatoriale.

La monture altazimutale permet de déplacer le télescope de haut en bas (altitude) et de droite à gauche (azimut). Elle est plus facile à utiliser que la monture équatoriale.

La monture équatoriale permet de suivre la trajectoire courbe d'une étoile dans le ciel d'un seul mouvement.

Les accessoires

Il est possible d'acheter différents accessoires pour le télescope.

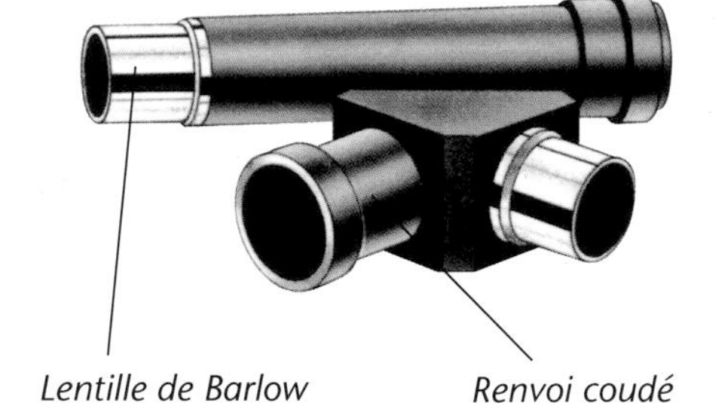

★ Lentille de Barlow : elle augmente de deux ou trois fois la puissance de grossissement d'un oculaire.

★ Renvoi coudé : miroir formant un angle droit, qui sert à observer les étoiles élevées sans avoir à se pencher trop bas.

Un télescope à miroir

Chercheur. Ce petit télescope permet d'aligner le grand télescope.

Les oculaires de grossissement se fixent ici. La lumière reflétée qui traverse l'oculaire permet de voir l'image.

La lumière pénètre dans le tube du télescope ici. Elle est renvoyée par un miroir courbe au fond du tube.

Ce télescope est installé sur une monture équatoriale.

QUELQUES FAITS

Un astronaute d'Apollo sur la Lune

CONSTELLATIONS CÉLÈBRES

Voici certaines constellations célèbres et le dessin de ce qu'elles sont supposées représenter. Compare la forme de la constellation au dessin. Tu verras souvent que le motif d'étoiles ne ressemble pas vraiment à la forme qui lui correspond.

Orion

La scène ci-contre est dominée par Orion, un grand chasseur de la mythologie grecque. Armé d'une massue et d'un bouclier en peau de lion, il affronte un taureau qui charge. La partie d'Orion la plus facile à repérer est sa ceinture composée de trois étoiles alignées. En dessous se trouvent deux étoiles qui correspondent à son épée. Les deux chiens de chasse fidèles d'Orion, Canis Major et Canis Minor, se tiennent derrière lui. À ses pieds se trouve Lepus, le Lièvre, sa proie favorite.

La forme de Canis Major, le Grand Chien, est facile à distinguer. Il faut toutefois plus d'imagination pour repérer celle du Petit Chien, Canis Minor.

L'histoire de Persée

Les étoiles de gauche représentaient le mythe de Persée pour les astronomes de la Grèce antique. Persée tua Méduse, une créature si laide que tous ceux qui la regardaient se transformaient en pierre. En rentrant, il vit Andromède, fille de Cassiopée et de Céphée, enchaînée à des rochers. Elle allait être dévorée par un monstre marin effrayant, la Baleine. Persée montra la tête de Méduse à la Baleine, qui se transforma immédiatement en pierre. Andromède était sauvée.

L'astucieux Persée se servit d'un bouclier à miroir pour tuer Méduse sans la regarder. Quand Persée décapita Méduse, un cheval ailé blanc, Pégase, lui sortit du cou.

Pour trouver ces sites, va sur www.usborne-quicklinks.com/fr
* La surface lunaire vue de plus près. * Un autre site sur la Lune, avec de superbes images.

CARTE DE LA LUNE

La carte ci-dessous représente la face de la Lune visible de la Terre. C'est ce que tu verrais à l'œil nu ou en utilisant des jumelles un soir de pleine lune. La plupart des télescopes astronomiques montrent les choses à l'envers. Si tu utilises un télescope, retourne ce livre pour que l'image corresponde à ce que tu vois.

Observe la Lune par une nuit claire. Combien de ces éléments vois-tu ?

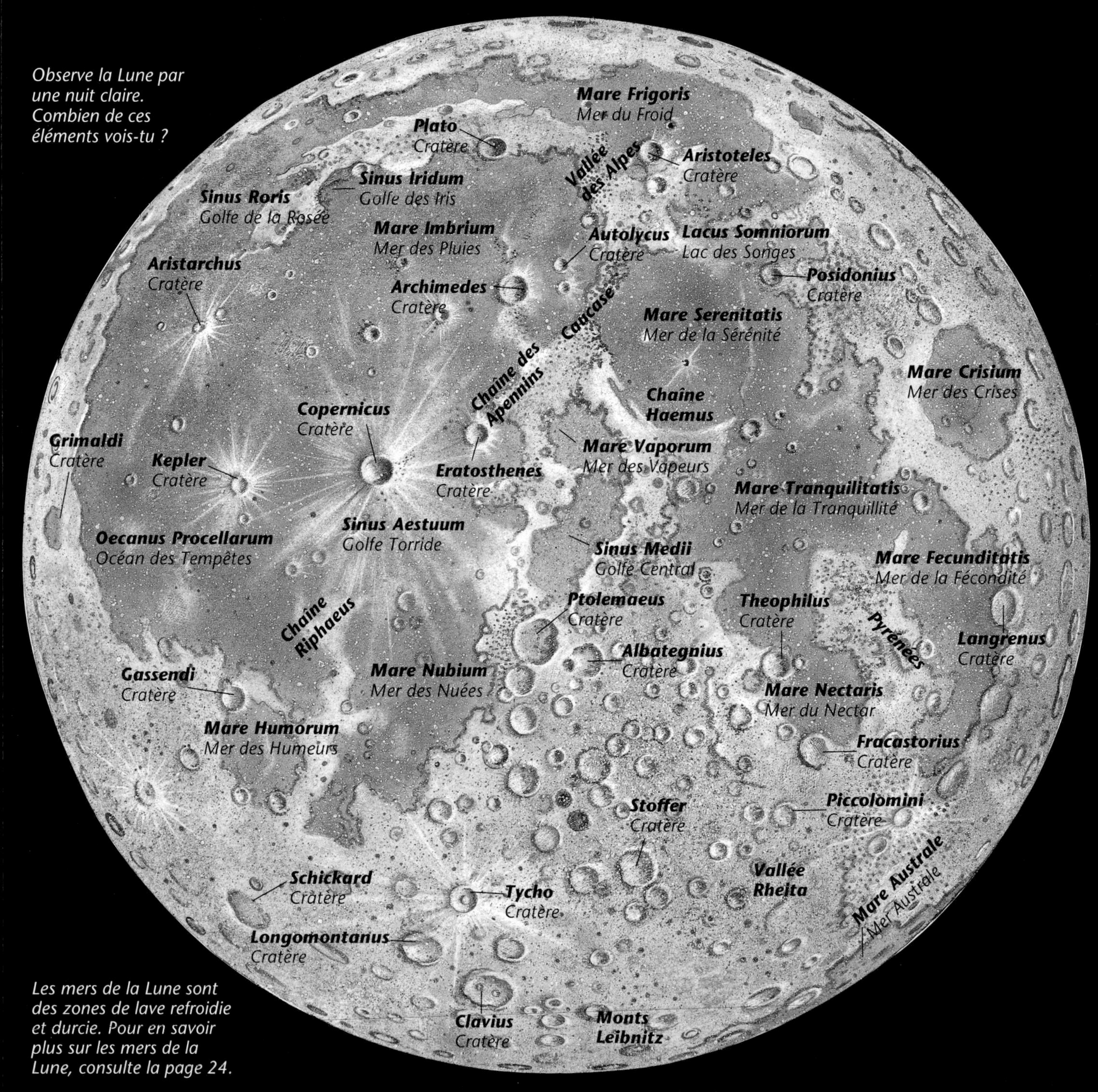

Les mers de la Lune sont des zones de lave refroidie et durcie. Pour en savoir plus sur les mers de la Lune, consulte la page 24.

TABLEAU DES ÉTOILES

Satellites et sondes spatiales nous permettent d'en apprendre toujours plus sur l'espace. Pour cette raison, ce que nous savons de l'Univers change constamment. Les listes des pages 84 à 86 contiennent des informations sur les étoiles, les nébuleuses, les galaxies et les pluies de météores les plus célèbres et les plus faciles à voir.

Étoiles les plus brillantes

Les étoiles sont répertoriées selon leur magnitude apparente, c'est-à-dire leur éclat quand on les voit de la Terre.

Nom de l'étoile	Nom de la constellation	Éclat (mag.)	Distance de la Terre (années-de-lumière)	Classe spectrale
Sirius	Canis Major	-1,46	8,6	A
Canopus	Carina	-0,72	1 200	F
Alpha Centauri	Centaurus	-0,27	4,3	G
Arcturus	Bootes	-0,04	37	K
Véga	Lyra	0,03	25,3	A
Capella	Auriga	0,08	42	G
Rigel	Orion	0,1 (variable)	910	B
Procyon	Canis Minor	0,38	11,3	F
Achernar	Eridanus	0,5	85	B
Bételgeuse	Orion	0,5 (variable)	310	M
Bêta Centauri	Centaurus	0,6 (variable)	460	B
Altaïr	Aquila	0,77	16,8	A

Étoiles les plus proches de la Terre

Nom de l'étoile	Nom de la constellation	Éclat (mag.)	Distance de la Terre (années-de-lumière)	Classe spectrale
Proxima Centauri	Centaurus	11,1 (variable)	4,25	M
Alpha Centauri A	Centaurus	0	4,3	G
Bêta Centauri B	Centaurus	1,4	4,3	K
Étoile de Barnard	Ophiuchus	9,5	6	M
Wolf 359	Leo	13,5 (variable)	7,6	M
Lalande 21185	Ursa Major	7,5	8,1	M
UV Ceti A	Cetus	12,4 (variable)	8,4	M
UV Ceti B	Cetus	13,02 (variable)	8,4	M
Sirius A	Canis Major	-1,46	8,6	A
Sirius B	Canis Major	8,5	8,6	D A
Ross 154	Sagittarius	10,6	9,4	M
Ross 248	Andromeda	12,3	10,3	M

Pour trouver ce site, va sur **www.usborne-quicklinks.com/fr**

★ Tu peux voir ici quelques photos d'amas d'étoiles.

Étoiles doubles

Nom de l'étoile	Nom de la constellation	Éclat (mag.)	Distance de la Terre (années-de-lumière)	Type d'étoile
Alpha Capricorni	Capricornus	4,2 3,6	1 600, 120	étoile multiple
Bêta Capricorni	Capricornus	3,1 6	250	double physique
Bêta Cygni (Albireo)	Cygnus	3,1 5,1	390	double physique
Nu Draconis	Draco	4,9 4,9	120	double physique
Alpha Librae	Libra	2,8 5,2	72	double physique
Epsilon Lyrae	Lyra	4,7 5,1	120	double double
Zêta Lyrae	Lyra	4,4 5,7	210	double physique
Thêta Orionis (4 étoiles)	Orion	5,1 6,7 6,7 8	1 300	étoile multiple
Thêta Tauri	Taurus	3,4 3,9	150	double physique
Zêta Ursae Majoris (Mizar et Alcor)	Ursa Major	2,3 4	60, 80	double optique

Étoiles variables

Nom de l'étoile	Nom de la constellation	Éclat (mag.)	Distance de la Terre (années-de-lumière)	Durée de la période	Type d'étoile
Epsilon Aurigae	Auriga	3,3-4,1	4 564	27 ans	binaire à éclipse
Alpha Cassiopeia	Cassiopeia	2,2-3,1	120	irrégulière	irrégulière
Gamma Cassiopeia	Cassiopeia	1,6-3	780	irrégulière	étoile à coquille*
Delta Cephei	Cepheus	3,6-4,3	1 336	5 jours 9 heures	variable pulsante
Mira	Cetus	2-10	94	331 jours	variable à cycle long
Êta Geminorum	Gemini	3,1-4	190	233 jours	variable double
Alpha Herculis	Hercules	3,1-3,9	218	semi-régulière	étoile double
Bêta Lyrae	Lyra	3,4-4,3	299	12 jours 22 heures	binaire à éclipse
Bêta Persei	Perseus	2,2-3,5	95	2 jours 21 heures	binaire à éclipse
Bételgeuse	Orion	0,4-1,3	310	5 ans 285 jours	semi-régulière

*La vitesse de rotation des étoiles à coquille est si rapide qu'elle les rend instables. Elles éjectent alors des anneaux de gaz, ce qui fait varier leur magnitude.

Amas d'étoiles

Numéro de catalogue	Nom de la constellation	Éclat (mag.)	Distance de la Terre (années-de-lumière)	Type d'amas
M 44 / NGC 2632 (Praesepe)	Cancer	4	525	ouvert
M 41 / NGC 2287	Canis Major	5	2 350	ouvert
NGC 5139 (Oméga)	Centaurus	4	17 000	globulaire
NGC 4755 (Écrin de Pierres précieuses)	Crux	5	7 700	ouvert
M 35 / NGC 2168	Gemini	5	2 200	ouvert
M 13 / NGC 6205	Hercules	6	21 000-25 000	globulaire
M 45 (Pléiades)	Taurus	1,5	410	ouvert
NGC 869/884 (amas double)	Perseus	4	7 000/8 150	ouvert
M 47 / NGC 2422	Puppis	6	1 540	ouvert
NGC 104 (47Tuc)	Tucana	4	15 000-20 000	globulaire
M 22 / NGC 6656	Sagittarius	5	9 600	globulaire
M 7 / NGC 6475	Scorpius	3	800	ouvert

TABLEAU DES OBJETS DE L'ESPACE

Nébuleuses

Numéro de catalogue	Nom de la constellation	Nom de la nébuleuse	Distance de la Terre (années-de-lumière)	Type de nébuleuse
NGC 7293	Aquarius	Hélice	160-450	planétaire
aucun	Crux	Sac de Charbon	500-600	sombre
NGC 2070	Dorado	Tarentule	170 000	brillante
M 42	Orion	Grande Nébuleuse	1 300-1 900	brillante
M 8	Sagittarius	Lagon	5 000	brillante
M 20	Sagittarius	Trifide	plus de 5 000	brillante
M 17	Sagittarius	Oméga	5 700	brillante

Galaxies

Numéro de catalogue	Nom de la constellation	Nom de la galaxie	Distance de la Terre (années-de-lumière)	Type de galaxie
aucun	Dorado	Grand Nuage de Magellan	170 000	irrégulière
NGC 292	Tucana	Petit Nuage de Magellan	205 000	irrégulière
M 31	Andromeda	Grande Galaxie spirale	2 900 000	spirale
M 33	Triangulum	Moulin	2 400 000	spirale
M 51	Canes Venatici	Tourbillon	35 000 000	spirale
M 81	Ursa Major	aucun	7 000 000-9 000 000	spirale
M 82	Ursa Major	aucun	7 000 000-9 000 000	irrégulière

Principales pluies de météores annuelles

Les pluies de météores se produisent quand la Terre traverse l'orbite d'une comète. Elles forment brièvement un beau spectacle.

Date d'apparition	Intensité maximale	Nom de la pluie de météores	Comète associée	Nom de la constellation	Nombre maximal par heure
1-6 janv.	4 janv.	Quadrantides	-	Bootes	60
19-25 avr.	21 avr.	Lyrides	Thatcher	Lyra	10
24 avr.-20 mai	5 mai	Êta Aquarides	Halley	Aquarius	35
25 juil.-20 août	12 août	Perséides	Swift-Tuttle	Perseus	75
16-21 oct.	22 oct.	Orionides	Halley	Orion	25
20 oct.-30 nov.	3 nov.	Taurides	Encke	Taurus	10
15-19 nov.	17 nov.	Léonides	Tempel-Tuttle	Leo	variable
7-15 déc.	13 déc.	Géminides	Phaeton (astéroïde)	Gemini	75

Symboles d'astronomie

Les astronomes utilisent des symboles spéciaux pour représenter le Soleil, la Terre, les planètes et les douze constellations du Zodiaque.

☉	☽	☿	♀	⊕	♂	♃	♄	♅	♆	♇
Soleil	Lune	Mercure	Vénus	Terre	Mars	Jupiter	Saturne	Uranus	Neptune	Pluton

♒	♓	♈	♉	♊	♋	♌	♍	♎	♏	♐	♑
Aquarius	Pisces	Aries	Taurus	Gemini	Cancer	Leo	Virgo	Libra	Scorpius	Sagittarius	Capricornus

Pour trouver ce site, va sur www.usborne-quicklinks.com/fr
★ Pars en voyage dans le système solaire : surfe sur ce site pour te documenter sur les planètes, les comètes, les missions spatiales et la vie au-delà de la Terre.

Tableau des planètes

Nom de planète	Diamètre de la planète	Distance moyenne du Soleil (en millions de km)	Durée de la révolution	Durée de rotation	Nombre de satellites
Mercure	4 880 km	58	88 jours	59 jours	aucun
Vénus	12 100 km	108	224,7 jours	243 jours	aucun
Terre	12 756 km	150	365,3 jours	23 h 56 mn	1 (Lune)
Mars	6 786 km	228	687 jours	24 h 37 mn	2
Jupiter	139 882 km	778	11,9 ans	9 h 50 mn	28
Saturne	116 464 km	1 427	29,5 ans	10 h 14 mn	24
Uranus	50 724 km	2 871	84 ans	17 h 54 mn	21
Neptune	49 528 km	4 500	165 ans	16 h 6 mn	8
Pluton	2 274 km	5 913	248 ans	6 jours 10 h	1

Prévisions des éclipses

Date	Type	Région	Durée
14 déc. 2001	de Soleil annulaire	Centre Pacifique, Costa Rica	03 mn 53 s
10 juin 2002	de Soleil annulaire	Pacifique nord, ouest du Mexique	00 mn 23 s
4 déc. 2002	de Soleil totale	Sud de l'Afrique, sud de l'Inde, de l'Aust.	02 mn 04 s
16 mai 2003	de Lune totale	Centre Pacifique, Amériques, Europe, Afrique	00 h 53 mn
31 mai 2003	de Soleil annulaire	Islande, Groenland	03 mn 37 s
9 nov. 2003	de Lune totale	Amériques, Europe, Afrique, Asie centrale	00 h 24 mn
23 nov. 2003	de Soleil totale	Antarctique	01 mn 57 s
19 avril 2004	de Soleil part. (73 %)	Antarctique, sud de l'Afrique	-
4 mai 2004	de Lune totale	Amérique du Sud, Europe, Afrique, Australie	01 h 16 mn
14 oct. 2004	de Soleil part. (93 %)	Nord-est de l'Asie, Alaska	-
28 oct. 2004	de Lune totale	Amériques, Europe, Afrique, Asie centrale	01 h 21 mn
8 avril 2005	de Soleil hybride	Pacifique sud, Panama, Colombie, Venezuela	00 mn 42 s
3 oct. 2005	de Soleil annulaire	Portugal, Espagne, Libye, Soudan, Kenya	04 mn 32 s
17 oct. 2005	de Lune part. (7 %)	Asie, Australie, Pacifique, Amérique du Nord	00 h 58 mn
29 mars 2006	de Soleil totale	Afrique centrale, Turquie, Russie	04 mn 07 s
7 sept. 2006	de Lune part. (19 %)	Europe, Afrique, Asie, Australie	01 h 33 mn
22 sept. 2006	de Soleil annulaire	Guyana, Surinam, Guyane fr., Atlantique sud	07 mn 09 s

Où regarder ?

Mercure, Vénus, Mars, Jupiter, Saturne et Uranus se voient toutes à l'œil nu. Mais elles ne sont pas toujours au même endroit dans le ciel.

Les revues d'astronomie et certains journaux indiquent les objets visibles dans le ciel nocturne et l'endroit où ils se trouvent.

DATES MARQUANTES

Ces deux pages contiennent un bref résumé de l'histoire de l'astronomie. Elles donnent la date des découvertes importantes qui ont contribué aux connaissances sur l'espace.

3100 av. J.-C.* Les Égyptiens commencent à utiliser des calendriers pour savoir quand planter et faire la récolte. Ces calendriers sont calculés selon la position des étoiles.

3000 av. J.-C. C'est à cette époque que les Égyptiens effectuent les premiers relevés des constellations.

2446 av. J.-C. Des astronomes chinois remarquent que cinq planètes (Mercure, Vénus, la Terre, Mars et Jupiter) se sont alignées les unes sur les autres. C'est la preuve que l'on s'est rendu compte que les planètes se déplacent dans l'espace.

6000 av. J.-C. à 100 apr. J.-C.** L'astronomie est étudiée de manière approfondie en Grèce et devient l'une des sciences enseignées dans les universités grecques.

300 av. J.-C. à 900 apr. J.-C. En Amérique centrale, les Mayas s'intéressent à l'astronomie. Grâce à leurs découvertes, ils mettent au point un calendrier exact, qui sera adopté par les Aztèques.

150 apr. J.-C. L'astronome grec Ptolémée publie son Système de Ptolémée. Selon lui, la Terre est au centre de l'Univers. Tout, y compris le Soleil, tourne autour d'elle. Les astronomes vont garder cette théorie pendant 1400 ans.

Ptolémée

**La mention des années qui précèdent la naissance de Jésus-Christ est accompagnée d'av. J.-C. (avant Jésus-Christ). Plus le chiffre est élevé, plus l'événement remonte loin.*
***La mention des années qui suivent la naissance de Jésus-Christ est parfois accompagnée d'apr. J.-C. (après Jésus-Christ).*

200-1000 L'étude de l'astronomie s'interrompt en Europe durant cette époque. À cause des guerres fréquentes et des famines, la vie est difficile ; les sciences et l'érudition s'en ressentent. Les astronomes modernes appellent ces années les siècles perdus.

1006 La supernova de Lupus est observée par les Chinois. Brillant presque aussi intensément qu'un croissant de lune pendant près de deux mois, c'est la supernova la plus lumineuse jamais observée, même visible en plein jour.

vers l'an 1000 L'astronomie renaît en Arabie. On l'enseigne de nouveau à l'université de Bagdad.

1030 L'astronome Al-Sufi, de l'école d'astronomie de Bagdad, établit les meilleurs des nombreux catalogues d'étoiles qui commencent à apparaître à cette époque.

1054 La supernova de Taurus est observée par les Chinois. Ses débris forment aujourd'hui la nébuleuse du Crabe.

1420 L'observatoire de Samarkand est construit en Asie centrale par Ulug Beg.

1543 Copernic publie *De Revolutionibus Orbium Coelestium* (« De la révolution des sphères célestes »), ouvrage controversé qui suggère que le Soleil est au milieu du système solaire.

1572 Danemark. Tycho Brahé observe une supernova.

1604 La « nova de Kepler » est aperçue dans notre galaxie par l'astronome allemand Johannes Kepler.

1608 Hans Lippershey invente aux Pays-Bas une lunette astronomique rudimentaire.

1609 L'astronome italien Galileo Galilei (dit Galilée) perfectionne la lunette de Lippershey, grâce à laquelle il commence à observer les étoiles et les planètes, dont les satellites de Jupiter et l'anneau de Saturne.

1668 Angleterre. L'astronome Isaac Newton construit le premier télescope à miroir.

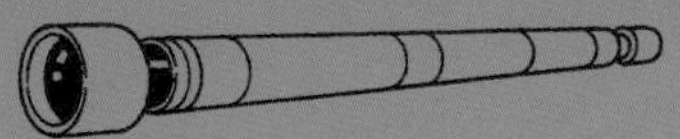

Un des premiers télescopes

1687 Angleterre. Newton publie un ouvrage intitulé *Principia* dans lequel il prouve que la Terre et les autres planètes tournent autour du Soleil.

1758 Retour d'une comète, comme annoncé par le savant anglais Edmund Halley en 1705. On la baptise « comète de Halley ».

1781 France. Le découvreur de comètes Charles Messier publie un catalogue de nébuleuses, de galaxies et d'amas d'étoiles.

1781 Angleterre. William Herschel découvre Uranus.

1801 Italie. Découverte du premier astéroïde par Giuseppe Piazzi.

1845 Irlande. Le comte de Rosse construit un télescope à miroir plus gros et plus puissant que jamais auparavant, le Léviathan. Doté d'un miroir de 1,93 m, il permet de découvrir les galaxies spirales.

1846 France. J. G. Galle et H. L. d'Arrest découvrent Neptune.

1877 Angleterre. Les deux satellites de Mars, Phobos et Deimos, sont découverts par Asaph Hall.

Italie. Giovanni Schiaparelli observe des « canaux » profonds sur Mars.

1910 Retour de la comète de Halley. On aperçoit également une grande comète très brillante , dite « Comète des inondations », car son passage coïncide avec la crue de la Seine.

1915-1917 Après sa Théorie spéciale de la relativité, le savant allemand Albert Einstein élabore la Théorie générale de la relativité, qui révolutionne l'étude de l'espace, du temps, de la force de gravitation et de la physique.

Pour trouver ces sites, va sur **www.usborne-quicklinks.com/fr**

* Revis la mission Apollo 13 grâce à un historique en photo.
* Sur ce site, toutes les nouvelles de l'espace.

1927 Belgique. Georges Lemaître propose la théorie selon laquelle l'Univers s'est formé au cours d'une explosion gigantesque ; c'est la théorie du big bang.

1930 États-Unis. Clyde Tombaugh découvre Pluton.

1937 États-Unis. Groter Reber invente le premier vrai radiotélescope.

1946 États-Unis. Edwin Hubble participe à la construction de Hale, le plus grand télescope à miroir jamais fabriqué.

1948 Angleterre. La théorie du big bang est remise en question par les savants Hermann Bondi et Thomas Gold, qui estiment que l'Univers aura toujours la même apparence.

1957 Union soviétique. Le 4 octobre, lancement de Spoutnik 1, le premier satellite artificiel du monde. Le 3 novembre, lancement de Spoutnik 2, avec à bord une chienne, Laïka.

1959 Les premières sondes spatiales sont envoyées vers la Lune par l'Union soviétique.

1961 Union soviétique. Le 12 avril, Youri Gagarine est le premier homme envoyé dans l'espace. Le vol dure moins de deux heures.

1963 Union soviétique. Valentina Terechkova est la première femme à aller dans l'espace. Son vol durera près de trois jours.

Spoutnik 1

1965 États-Unis. Arno Penzias et Robert Wilson détectent un faible signal, qui ressemble à un bruit de radio, venant de l'espace. Beaucoup pensent que ce bruit confirme la théorie du big bang.

1965 La sonde spatiale américaine Mariner 4 prend les premières photos de Mars.

1966 La sonde spatiale soviétique Luna 9 est la première à atterrir sur la Lune.

1967 L'Union soviétique envoie la première sonde spatiale sur Vénus.

1968 Les États-Unis exécutent le premier vol spatial piloté autour de la Lune, Apollo 8.

1969 Le 20 juillet, la mission américaine Apollo 11 pose pour la première fois des hommes sur la Lune : Neil Armstrong and Buzz Aldrin. Armstrong est le premier homme à marcher sur la Lune.

États-Unis. À l'observatoire Steward, on détecte pour la première fois un pulsar (dans la nébuleuse du Crabe).

1971 La sonde spatiale américaine Mariner 9 transmet à la Terre les premiers gros plans de Mars.

1973 Les États-Unis lancent Skylab, la première station spatiale.

La sonde spatiale américaine Pioneer 10 transmet à la Terre les premiers gros plans de Jupiter.

1974 La sonde spatiale américaine Mariner 10 envoie les premières photos de la couverture nuageuse de Vénus et de la surface de Mercure.

1975 Les sondes spatiales soviétiques Venera 9 et 10 envoient les premières photos de la surface de Vénus.

1976 Atterrissage sur Mars des sondes spatiales américaines Viking 1 et Viking 2. Elles prennent des photos et ramassent des échantillons du sol.

1977 Découverte des anneaux d'Uranus.

1979 L'existence du satellite de Pluton, Charon, est confirmée.

Les sondes spatiales américaines Voyager 1 et 2 survolent Jupiter et renvoient des photos détaillées.

1980 Voyager 2 survole Saturne. Elle renvoie des photographies détaillées.

1981 En avril, les États-Unis lancent STS1, la première navette spatiale.

1986 La sonde spatiale américaine Voyager 2 survole Uranus. Elle renvoie des photos détaillées.

Lancement de la station spatiale Mir.

Explosion de la navette spatiale américaine Challenger ; sept morts.

1987 Une supernova est observée dans le Grand Nuage de Magellan. C'est la plus brillante depuis plusieurs centaines d'années.

1989 La sonde spatiale Voyager 2 survole Neptune et transmet des photos.

1990 Le télescope Hubble est lancé des États-Unis. À cause d'un défaut, il ne peut transmettre d'images détaillées des parties éloignées de l'espace.

1991 Réparation dans l'espace du télescope spatial Hubble par des astronautes.

1991 La sonde spatiale américaine Galileo prend des gros plans de l'astéroïde Gaspra. Ce sont les premiers gros plans d'un astéroïde.

1995 Découverte de la comète Hale-Bopp. On prédit que son éclat atteindra son intensité maximale en 1997.

1997 Hale-Bopp devient la comète la plus brillante depuis 1911.

La sonde spatiale américaine Mars Pathfinder atterrit sur Mars. Elle envoie des informations sur le sol, les roches et le temps qu'il fait.

Les États-Unis lancent la mission Cassini vers Saturne.

Mars Global Surveyor atteint Mars.

1998 La sonde Mars Climate Orbiter ne parvient pas à se mettre en orbite autour de Mars.

1999 La sonde Mars Polar Lander arrive sur Mars mais le contact est perdu après l'atterrissage.

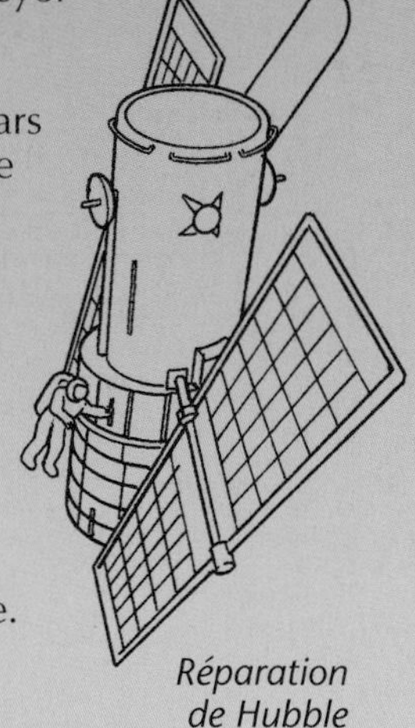

Réparation de Hubble

2001 La sonde américaine NEAR se pose sur l'astéroïde Éros.

Le bras articulé CANADARM est installé sur la station spatiale internationale (ISS). Les équipages commencent à prolonger leur séjour à bord de la station.

Après 15 années en orbite, la station Mir est détruite : elle est lancée dans l'océan Indien.

Dennis Tito, un milliardaire américain, paie 20 millions de dollars pour passer une semaine à bord de l'ISS. Il devient ainsi le premier touriste de l'espace.

QUESTIONS ET RÉPONSES

Q
De nombreux scientifiques pensent que l'Univers a débuté par une explosion massive, le big bang. Qu'est-ce qu'il y avait auparavant ?

R
Selon les chercheurs, il n'y avait rien. Le temps lui-même aurait commencé avec le big bang.

Q
Est-il vrai qu'on voit le passé en regardant dans l'espace ?

R
Oui. Quand on observe les coins reculés de l'espace, la lumière que l'on aperçoit a été émise il y a très longtemps. Plus un objet est distant, plus sa lumière met de temps pour arriver jusqu'à nous, et plus ce qu'on voit remonte loin dans le temps. Par exemple, nous voyons le Soleil tel qu'il était il y a huit minutes, Alpha Centauri telle qu'elle était il y a quatre ans, et la galaxie d'Andromède telle qu'elle était il y a 2,9 millions d'années. Les chercheurs pensent que les objets les plus distants remontent si loin dans le temps qu'ils donnent des renseignements sur la création de l'Univers.

Q
Quelle est la taille d'un trou noir ?

R
Personne ne le sait, parce que personne n'a pu en observer ! Les chercheurs pensent que le diamètre d'un trou noir peut aller de la taille d'une petite ville à celle d'une planète géante comme Jupiter, ou encore plus grosse.

Q
Voit-on d'autres galaxies de la Terre ?

R
Oui. À l'aide d'un télescope puissant, on voit des milliers de galaxies. Même à l'œil nu, on peut en voir trois : le Grand Nuage de Magellan, le Petit Nuage de Magellan et M 31, la galaxie d'Andromède. (Voir pages 67 et 71.)

Q
Combien de temps reste-t-il au Soleil ?

R
Les savants pensent que le Soleil devrait durer encore 4,5 à 5 milliards d'années.

Q
Combien d'étoiles y a-t-il dans l'espace ?

R
Personne ne peut fournir de réponse sûre. Il y a environ 100 milliards d'étoiles dans la seule galaxie de la Voie lactée. Les astronomes pensent aujourd'hui qu'il y a plusieurs millions de galaxies dans l'Univers, et que chacune renferme autant d'étoiles que notre Voie lactée. Nous ne connaîtrons probablement jamais le nombre exact d'étoiles qu'il y a dans l'espace.

Q
Sait-on pourquoi les étoiles scintillent ?

R
En traversant l'atmosphère terrestre, la lumière des étoiles forme des coudes et s'interrompt. L'angle de ces coudes dépend de la température de l'air. Comme la lumière traverse de l'air chaud et de l'air froid, et qu'elle nous arrive de différentes directions à la fois, l'étoile semble trembloter.

Trajet de la lumière d'une étoile dans l'atmosphère terrestre

Q
Pour savoir où se trouve le Nord, il suffit de repérer Polaris, l'étoile Polaire boréale. Autrefois, c'était Thouban. Comment et pourquoi a-t-elle changé ?

R
L'axe de rotation de la Terre est incliné mais, en tournant, celle-ci oscille. Autrement dit, sur plusieurs milliers d'années, l'angle d'inclinaison de la rotation change. L'oscillation fait que le pôle Nord change graduellement de direction et finit par indiquer une étoile différente.

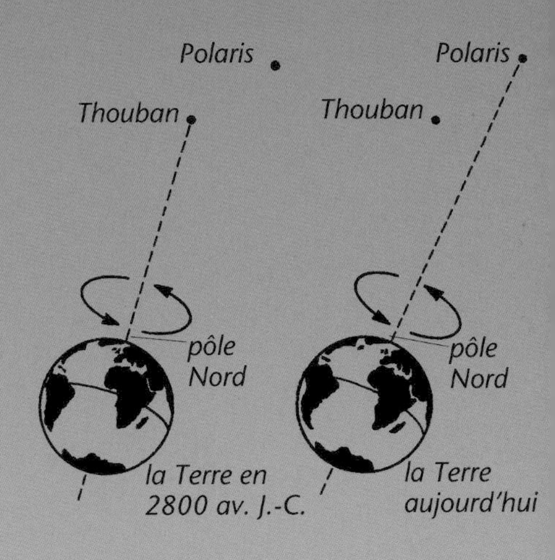

Q
Les vaisseaux spatiaux peuvent-ils atterrir sur toutes les planètes du système solaire ?

R
Non. Seulement sur les planètes solides : Mercure, Vénus, la Terre, Mars et Pluton. Jupiter, Saturne, Uranus et Neptune sont toutes des « géantes gazeuses », d'immenses boules de gaz et de liquide, sans surface solide. Il y a toutefois de nombreux satellites sur lesquels un vaisseau spatial pourrait atterrir.

Q
À quoi ressemble le ciel nocturne sur la Lune ?

R
La Lune n'a pas d'atmosphère, et le ciel y est toujours clair. Quand le Soleil est dans le ciel, il est si brillant qu'il obscurcit toutes les étoiles. Mais quand il est couché, on peut voir les étoiles bien plus clairement que de la Terre. On y voit également la Terre, ressemblant à une grosse bille bleue et blanche. À la jumelle, on peut observer des pays, et même des villes. Comme la Lune, la Terre a des phases.

Q
Pourquoi Mars est-elle rouge ?

R
Le sol de Mars contient beaucoup de fer et il rouille depuis des millions d'années. Le fer rouillé est rouge.

Q
Des gens affirment avoir vu des extraterrestres. Existent-ils réellement ?

R
Personne ne sait s'ils existent. Beaucoup de gens affirment en avoir vu, mais il n'y a pas de preuves. Les chercheurs pensent désormais que de nombreuses autres étoiles et planètes sont présentes dans notre galaxie et, comme il y a des millions de galaxies dans l'Univers, il pourrait y avoir des milliards de planètes dans l'espace. D'après eux, il y a dans notre système solaire plusieurs endroits qui renferment des substances chimiques permettant à la vie d'exister. On a découvert de telles substances sur Mars, et sous la surface glacée d'Europe, l'un des satellites de Jupiter. Jusqu'à présent, toutefois, on n'y a trouvé aucun signe de vie.

Q
Combien y a-t-il d'astéroïdes dans le système solaire ?

R
Personne ne connaît le nombre exact d'astéroïdes que contient notre système solaire, mais il y en a certainement des milliers. Il y en a tant, non seulement dans la ceinture d'astéroïdes mais aussi disséminés dans l'espace, qu'il y a peu de chance qu'on puisse les compter.

Q
Est-il arrivé que quelqu'un soit frappé par une météorite ?

R
Oui, mais rassure-toi, c'est assez rare. Au début des années 1990, par exemple, une météorite a frappé un homme dans sa voiture, sur une autoroute allemande, et une autre a tué un chien malchanceux au début des années 1900.

Q
Quelle est la plus grande comète jamais observée ?

R
La Grande Comète de 1811 avait une chevelure de plus de 2 millions de km de diamètre, plus large que le Soleil. La Grande Comète de 1843 avait une queue de 330 millions de km de longueur, ce qui est la distance du Soleil à Mars.

Q
Voit-on les satellites artificiels de la Terre ?

R
Oui, ils ressemblent à des étoiles qui se déplacent lentement dans le ciel. Certains semblent clignoter très lentement, contrairement aux avions qui clignotent assez vite. On les voit par endroit dans le ciel à quelques minutes d'intervalle.

Q
Comment devient-on astronaute ?

R
Le meilleur moyen, c'est de faire des études scientifiques, par exemple des études de chimie, d'astronomie ou d'ingénierie. Il faut un diplôme universitaire et se spécialiser dans un domaine scientifique relatif à l'espace. Il est également utile d'apprendre à piloter un avion. Ensuite, il faut poser sa candidature à la Nasa. Si elle t'accepte comme candidat astronaute, il te faudra suivre une formation de quatre ou cinq ans aux États-Unis. Si tu as alors de la chance, tu seras peut-être sélectionné pour une mission. Le Centre des astronautes européens, créé en 1991, forme également des astronautes.

Q
Faut-il être un scientifique pour aller dans l'espace ?

R
Non, mais la plupart des astronautes sont des scientifiques. Ils font des travaux de recherche utiles, par exemple, sur les effets de la vie dans l'espace sur l'homme. De plus en plus, des personnes sans formation scientifique participent aux missions spatiales, et le tourisme spatial a même commencé en 2001, avec Dennis Tito, qui a passé une semaine dans l'ISS. Donc, théoriquement, tous ceux qui sont en bonne santé peuvent aller faire un petit tour dans l'espace. Cependant, comme ces voyages coûtent très cher, il faut aussi être très riche.

Q
Pourquoi faut-il toujours mettre à feu les missions spatiales ? Ne peuvent-elles pas simplement décoller, comme les avions ?

R
Les moteurs à réaction ont besoin d'une grande quantité d'air pour fonctionner. Dans les couches supérieures de l'atmosphère terrestre, il n'y en a pas suffisamment pour qu'ils puissent marcher. Pour le moment, la seule solution, c'est d'utiliser des fusées. Elles rejettent l'énergie par leurs tuyères à une vitesse incroyable et propulsent le vaisseau spatial dans le ciel. Les scientifiques s'efforcent actuellement de mettre au point des moteurs à réaction capables de fonctionner dans les couches supérieures de l'atmosphère. Pour le moment, les navettes spatiales sont les seuls vaisseaux capables d'atterrir comme un avion, mais pour décoller elles ont encore besoin d'une fusée.

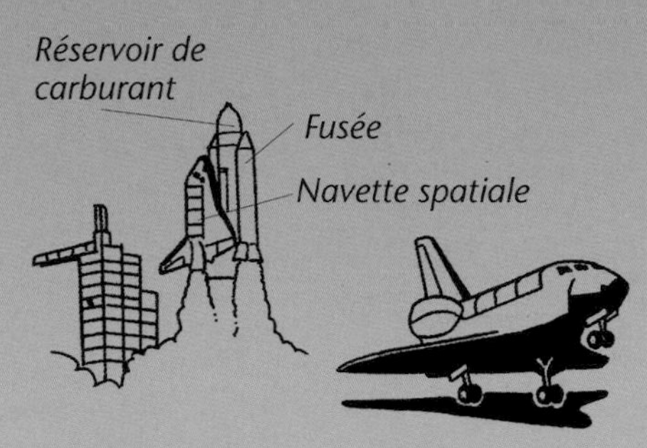

Décollage d'une navette spatiale *Atterrissage d'une navette spatiale*

Q
Combien de temps faudrait-il à un groupe d'astronautes pour atteindre Pluton ?

R
Dans un vaisseau Apollo (du type de celui qui a atterri sur la Lune), il leur faudrait environ 86 ans pour atteindre Pluton.

Q
Dans certains films de science-fiction, il arrive que les personnages soient transportés instantanément d'un endroit à un autre sous forme de rayons. Est-ce que c'est vraiment possible ?

R
Non. Pour transporter une personne instantanément d'un endroit à un autre, il faudrait séparer tous les atomes qui composent son corps, leur faire traverser l'espace à toute vitesse, puis les remettre exactement comme avant. Comme les atomes bougent tout le temps, il serait presque impossible de les remettre dans le bon ordre.

LEXIQUE

Ce lexique donne la définition de mots importants sur l'espace et l'astronomie. Les mots en caractères gras sont définis à un autre endroit du lexique.

amas Groupe d'**étoiles** ou de **galaxies** proches les unes des autres.

année Temps mis par une **planète** pour graviter autour du **Soleil**.

année-de-lumière Distance parcourue par un rayon de lumière en un an : 9 460 milliards de km.

astérisme Petit motif d'**étoiles** facile à reconnaître, faisant partie d'un motif plus grand ou **constellation**.

astéroïde Petit objet rocheux qui tourne autour du **Soleil**. Il en existe des milliers dans la ceinture d'astéroïdes, partie du **système solaire** située entre Mars et Jupiter.

astronomie Étude scientifique de l'**Univers** et des objets qu'il contient.

atmosphère Couche de gaz qui entoure une **planète** ou une **étoile**.

aurore Phénomène lumineux qui se produit dans l'**atmosphère** supérieure, près des pôles d'une **planète**. Causée par le **vent solaire**.

chevelure Immense nuage de gaz qui entoure le **noyau** glacé d'une **comète**.

classe spectrale Catégorie d'**étoiles**, indiquée par les lettres O, B, A, F, G, K et M.

comète Morceau de glace sale et sombre, mêlée à de la poussière et à des particules, qui tourne autour du **Soleil** en suivant une trajectoire.

cône d'ombre Zone sombre causée par l'**éclipse** d'un objet.

constellation Groupe d'**étoiles** qui, vues de la Terre, forment un motif. Il y a 88 constellations.

couronne Partie externe de l'**atmosphère solaire**.

cratère Creux de la surface d'une **planète**, d'un **satellite** ou d'un **astéroïde**, causé par l'impact d'une **météorite** ou d'un **astéroïde**.

croûte Partie extérieure d'une **planète** ou d'un **satellite**, composée surtout de roche.

éclipse Occultation totale ou partielle d'un objet de l'espace par un autre. Ainsi, quand la **Lune** passe devant le **Soleil**, cela donne une éclipse de Soleil.

équateur Ligne imaginaire traversant le milieu d'une **planète**, la divisant en **hémisphères** Nord et Sud.

éruption solaire Explosion soudaine d'énergie d'une zone restreinte de la surface du **Soleil**.

étoile Boule de gaz en explosion constante, émettant de la lumière et de la chaleur. Notre **Soleil** est une étoile.

étoile binaire Deux **étoiles** qui tournent autour l'une de l'autre et sont unies par leur **force de gravité** mutuelle.

étoile double optique Deux **étoiles** qui semblent très proches l'une de l'autre vues de la Terre, parce qu'elles sont dans la même ligne de vision. Elles n'ont autrement aucun rapport l'une avec l'autre.

étoile double physique Autre nom d'une **étoile binaire**.

étoile filante Autre nom d'une **météore**.

étoile géante **Étoile** plus grosse que le **Soleil**.

étoile naine **Étoile** plus petite que le **Soleil**.

étoile à neutrons Petite **étoile** en rotation qui subsiste après l'explosion d'une **étoile supergéante**.

étoile primaire L'**étoile** la plus brillante d'une **variable à éclipse**.

étoile secondaire L'**étoile** la plus faible d'une **variable à éclipse**.

étoile supergéante Les **étoiles géantes** les plus brillantes. Elles ne durent que quelques millions d'années.

étoile variable **Étoile** dont l'éclat change, habituellement de manière régulière.

facule Nuage de gaz incandescents entourant une **tache solaire**, situé juste au-dessus de la surface du **Soleil**.

force de gravité Force d'attraction qui attire un objet de petite taille vers un objet plus gros. Ainsi, la **Lune** est attirée à la Terre par la force de gravité.

fusion nucléaire Activité qui se produit dans une **étoile**, quand de minuscules particules (appelées atomes) de gaz s'unissent pour former des atomes plus gros. Ce processus produit d'énormes quantités de chaleur et de lumière.

galaxie Groupe d'**étoiles**, de **nébuleuses**, d'**amas d'étoile**s, d'**amas globulaires** et d'autres **matières**. Il existe des millions de galaxies dans l'**Univers**.

Galaxie de la Voie lactée **Galaxie** qui contient le **système solaire**.

géante gazeuse Planète composée de gaz et de liquides entourant un **noyau** relativement petit.

géante rouge **Étoile** à température relativement faible, dont la taille est de plusieurs fois supérieure à celle du **Soleil**.

hémisphère Moitié de **planète** ou de **satellite**. La moitié supérieure s'appelle l'hémisphère Nord et la moitié inférieure l'hémisphère Sud.

jour Temps mis par une **planète** pour faire un tour sur elle-même.

Lune Boule rocheuse qui tourne autour de la Terre, dont elle est le satellite.

magnitude Éclat d'une **étoile**.

matière Particules minuscules qui composent l'**Univers**.

météore Fragments de pierres et de poussière qui, en traversant l'**atmosphère** terrestre, s'embrasent et forment une traînée de lumière. Aussi appelé **étoile filante**.

météorite **Météoroïde** qui s'écrase sur la Terre.

Pour trouver ce site, va sur **www.usborne-quicklinks.com/fr**

* Tu peux aussi consulter sur ce site un lexique de termes d'astronomie, en complément de celui présenté sur ces deux pages.

météoroïde Débris (poussières ou fragment de roches) qui flotte dans l'espace.

naine blanche **Étoile** beaucoup plus petite et beaucoup plus dense que le **Soleil**. Elle émet en général une lumière blanche relativement faible.

Nasa (Sigle de *National Aeronautics and Space Administration*). La NASA est un organisme qui dirige les recherches spatiales et aéronautiques pour le gouvernement aux États-Unis. Elle est notamment responsable des missions de la navette spatiale.

navette spatiale **Vaisseau spatial** transportant des astronautes ainsi que divers matériaux dans l'espace. Lancée par une fusée, la navette atterrit comme un avion et peut être réutilisée.

nébuleuse Gigantesque nuage de gaz et de poussière où se forment souvent des **étoiles**.

nébuleuse planétaire Couches extérieures de gaz d'une **étoile** mourante qui sont éjectées dans l'espace. De loin, les couches de gaz incandescents qui entourent l'étoile mourante la font ressembler à une planète.

nova **Étoile** dont la luminosité augmente soudainement, puis disparaît. Type d'étoile **variable cataclysmique**.

noyau Point central autour duquel sont disposés d'autres objets. En astronomie, ce terme décrit la partie dense du milieu d'une **galaxie** ou la partie centrale d'une **planète**, d'un **satellite**, d'un **astéroïde** ou encore d'une **comète**. Sa composition est différente de celle des couches extérieures.

orbite Trajectoire d'un objet qui tourne autour d'un autre. Par exemple, les **planètes** décrivent une orbite autour du **Soleil** ou gravitent.

pénombre Zone d'ombre légère causée par l'**éclipse** partielle d'un objet par un autre.

phase Un stade particulier d'un cycle de changements qui se produit régulièrement. Ainsi, l'apparence de la **Lune** passe par plusieurs phases durant son parcours autour de la Terre chaque mois.

planète Objet assez gros qui tourne autour d'une **étoile** mais n'est pas lui-même une étoile. On a repéré neuf planètes dans notre **système solaire**.

planisphère Carte du ciel circulaire, mobile, à laquelle on peut donner l'apparence du ciel nocturne à une heure et à une date données.

pluie de météores Phénomène spectaculaire de courte durée qui se produit quand la Terre traverse l'**orbite** d'une **comète**.

points de repère **Étoiles** d'une **constellation**, qui indiquent la direction d'une autre constellation.

pôle L'un des deux points de la surface d'une **planète** les plus éloignés de son équateur.

protubérance Nuage de gaz éjecté de la surface du **Soleil**.

pulsar **Étoile à neutrons** qui émet des rayons de **radiation**. Ces rayons balaient le ciel sous l'effet de sa rotation.

queue Traînée de gaz visibles produite par une **comète** quand elle passe près du **Soleil**.

radar Méthode permettant de connaître la position et la vitesse d'objets éloignés, à l'aide d'ondes radio.

rayonnement Ondes d'énergie, de chaleur ou de particules émises par un objet.

satellite Objet de l'espace qui tourne autour d'un autre objet. Un satellite naturel tourne autour d'une **planète**. Un satellite artificiel est lancé dans l'espace pour tourner autour d'une planète ou d'un satellite naturel.

solaire Qui a rapport avec le **Soleil**, par exemple **éruption solaire** ou **vent solaire**.

Soleil **Étoile** de taille moyenne située au centre de notre **système solaire**.

sonde spatiale **Vaisseau spatial** non habité servant à recueillir des informations sur les divers objets de l'espace. Il les transmet ensuite aux chercheurs, sur la Terre.

station spatiale Grand **satellite** spatial habité, utilisé comme base pour l'exploration spatiale pendant une période prolongée. L'ISS est une station spatiale.

supernova Explosion d'une **étoile supergéante** qui produit d'énormes quantités de lumière. Cette étoile s'effondre pour former une **étoile à neutrons** ou, si elle était très grande, un **trou noir**.

système multiple Système d'**étoiles** contenant au moins deux étoiles.

système solaire Le **Soleil** et tous les objets qui gravitent autour de lui.

tache solaire Tache sombre qui apparaît sur le **Soleil** de temps à autre.

théorie du big bang Théorie selon laquelle l'**Univers** est né d'une gigantesque explosion.

trou noir Région invisible de l'espace qui exerce une **force de gravité** énorme. Causé par l'effondrement d'une **étoile supergéante**.

Univers Mot qui décrit tous les objets de l'espace, y compris les **galaxies** et les **étoiles**, la **Voie lactée** et le **système solaire**.

vaisseau spatial Véhicule conçu pour se déplacer dans l'espace.

variable cataclysmique Système d'**étoile binaire** dans lequel, de temps en temps, une étoile capte une partie de la **matière** de l'autre étoile. Ce phénomène produit une quantité de lumière énorme.

variable à éclipse **Étoile binaire**, dans laquelle l'une des étoiles passe devant l'autre, faisant diminuer son éclat.

variable pulsante **Étoile** qui change de taille, de température et d'éclat.

vent solaire Courant constant de particules invisibles émises par la surface du **Soleil** dans l'espace.

Voie lactée Large bande de lumière ressemblant à une traînée de lait renversé dans le ciel nocturne. La Voie lactée est créée par les millions d'**étoiles** peu brillantes qui font partie de notre **Galaxie**.

INDEX

Les constellations et les astérismes sont en caractères gras, les étoiles en italiques.

Adresses utiles

France
Union astronomique internationale (UAI),
98 bis, boulevard Arago, 75014 Paris

Organisations d'astronomes amateurs :
Il y a 25 000 astronomes amateurs en France, dont la collaboration est très utile, notamment pour la surveillance du ciel. Ils sont regroupés dans de nombreux clubs et associations régionaux. Pour te renseigner à leur sujet, adresse-toi aux organisations nationales suivantes :

Société astronomique de France (SAF),
3, rue Beethoven, 75016 Paris
Revue « L'Astronomie »

Association nationale sciences et techniques jeunesse (ANSTJ),
section astronomique,
16, place Jacques Brel,
91130 Ris-Orangis

Association française d'astronomie (AFA), Observatoire de Montsouris,
17, rue Émile Deutsch de la Meurthe,
75014 Paris
Revue « Ciel et espace »

Canada
Association des Groupes d'Astronomes Amateurs,
4545, Avenue Pierre-de-Coubertin,
Casier postal 1000, Succursale M,
Montréal QC H1V 3RZ

Suisse
Société Astronomique de Genève,
6, Terreaux du Temple,
CH 1202 Genève

Société Vaudoise d'Astronomie,
8, chemin des Grandes roches,
CH 1018 Lausanne

Belgique
Société belge d'astronomie, de météorologie et de physique du globe,
avenue Circulaire 3,
B-1180 Bruxelles

Société royale d'Astronomie d'Anvers,
Leeuw Vlaanderenstraat,
B-2100 Antverpen (Anvers)